# RAPPORT

SUR LES

# FINANCES DU PORTUGAL

PRÉSENTÉ AUX CHAMBRES

PAR

## M. LE CONSEILLER ERNESTO ADOLPHO HINTZE RIBEIRO

*Président du Conseil, Ministre des Finances*

—

(TRADUCTION)

---

## PARIS

### IMPRIMERIE PAUL DUPONT

4, RUE DU BOULOI, 4

—

1894

# RAPPORT



# FINANCES DU PORTUGAL

PRÉSENTÉ AUX CHAMBRES

PAR

M. LE CONSEILLER ERNESTO ADOLPHO HINTZE RIBEIRO

*Président du Conseil, Ministre des Finances*

—

(TRADUCTION)

—

PARIS

IMPRIMERIE PAUL DUPONT

4, RUE DU BOULOI, 4

—

1894

# RAPPORT SUR LES FINANCES DU PORTUGAL

## PRÉSENTÉ AUX CHAMBRES

PAR

**M. le Conseiller Ernesto Adolpho HINTZE RIBEIRO**

*Président du Conseil, Ministre des Finances*

---

MESSIEURS,

A la fin de la dernière année financière et pendant la clôture du Parlement, le gouvernement a cru devoir faire dans l'intérêt du pays un exposé large et exact des faits les plus caractéristiques de notre état économique et financier, pour permettre d'apprécier à sa juste valeur, en Portugal et à l'étranger, la portée de la crise qui nous a assaillis, et les efforts sincères, déjà couronnés d'avantageux résultats, qui ont été mis en œuvre pour combattre cette crise et la résoudre.

L'occasion se présentait d'autant plus favorable que le gouvernement était à la veille de décréter la prorogation, jusqu'à délibération ultérieure des Chambres, du budget minutieusement rectifié et voté pendant la précédente session du Parlement. L'exposé des motifs qui sert de préambule au décret du 20 juin de l'année courante en a été la conséquence.

Énumérer ce que notre administration financière offrait de plus intéressant à ce moment-là ; confronter, à partir de longue date, les recettes et les dépenses annuelles et effectives avec la rupture de l'équilibre qui en est résultée successivement ; faire, dans ses éléments essentiels, la synthèse des opérations de crédit qui ont grossi de plus en plus le chiffre de la dette publique ; apprécier d'après les variations survenues dans la cote de nos titres, dans les taux du change régulateur des transactions sur les marchés et dans l'émission et la circulation du papier fiduciaire, le développement des circonstances qui ont enfanté et produit la crise qui, malgré son origine lointaine, s'est accentuée à partir de 1890, pour se déclarer avec plus d'intensité en 1891 par suite du retrait et de la rareté de l'or et nous amener à la déclaration, faite en 1892, de la réduction forcée de nos charges ; mettre simultanément en relief les ressources économiques du pays, la réaction de ses forces vitales ébranlées, mais non éteintes, les sacrifices acceptés volontairement pour soutenir la lutte et, enfin, les résultats obtenus : voilà comment j'ai essayé de démontrer que la phase la plus aiguë de la crise était déjà passée et que, par des efforts constants et une volonté ferme, nous vaincrions les difficultés les plus pressantes tout en ramenant la confiance des marchés étrangers, et en puisant dans les événements mêmes une leçon utile pour l'administration de l'État et le stimulant nécessaire au travail et à l'économie de la nation.

Je confirme aujourd'hui ce que je disais alors. Mon langage n'avait point pour but de cacher le mal, ou de poser les fondements d'illusions dangereuses. C'était celui de la vérité, qui est toujours un devoir, mais qui s'impose encore davantage, quand tous en profitent, le pays le premier. Sans surenchérir, ni dénaturer les faits, je les ai décrits tels qu'ils se sont offerts à moi, suivant l'indication précise de documents irrécusables, que je publiai alors pour qu'ils fussent bien connus de tout le monde.

Cette publication a produit des résultats bienfaisants.

La connaissance plus exacte de nos conditions financières, et l'appréciation plus éclairée des circonstances occurrentes, favorisèrent le mouvement de hausse de la cote de nos fonds, mouvement dont l'importance s'est traduite non seulement par la reprise correspondante de la valeur des titres de la dette publique, mais encore par l'impulsion donnée au crédit du Trésor.

Peu de temps après, la distribution aux créanciers étrangers d'un excédent assez considérable des recettes des douanes, faite conformément à la loi du 20 mai 1893, et dès l'expiration de la première année d'exécution de cette loi, est venue confirmer la prévision de l'exposé des motifs du décret du 28 juin dernier et contribuer ainsi à faire renaître la confiance des marchés étrangers.

Ce sont maintenant les résultats complets de 1893-1894, qui viennent corroborer par la rigueur de leurs chiffres les prévisions favorables que j'émettais dans ledit exposé des motifs, comme je vais le démontrer en prenant pour base les comptes partiels de juin à février, et quelques notes relevées jusqu'au mois d'avril.

Étant donnée notre situation à l'égard des porteurs de la dette de l'État, il est convenable, indispensable même, d'exposer successivement et avec la plus scrupuleuse exactitude, tout ce qui a eu lieu concernant notre régime.

C'est là notre devoir en tout temps et en toute circonstance ; mais en ce moment, c'est plus qu'un devoir ; il y va aussi de notre intérêt, car, j'espère démontrer avec toute la conviction dont je suis animé, qu'il est vrai de dire, qu'après la crise difficile et aiguë que nous avons traversée une période de mieux sensible commence pour nous.

Quiconque porte un jugement impartial et consciencieux sur ce qui s'est passé dans les derniers temps, quelle que soit sa manière d'apprécier tel ou tel incident, ne peut s'empêcher de reconnaître que la résolution de quelques questions très graves, dont le poids nous accablait, a largement contribué à ce résultat.

La manière dont ces questions ont été résolues peut être discutée ; le péril étant conjuré, on peut accuser le gouvernement pour les avoir résolues ; mais, ce qui est incontestable, ce qui est un fait acquis, c'est que le pays n'en supporte plus le poids.

Il est toujours facile de critiquer d'une façon absolue la manière dont une nation comme la nôtre résout les difficultés qui l'oppressent ; mais les résoudre, voilà ce qui est difficile.

Dans de telles circonstances, la mission pénible, quoique indéclinable et nécessaire, du gouvernement consiste à y mettre un terme acceptable, pour que le pays puisse continuer ses ébats plus librement.

C'est pour avoir agi ainsi, que le gouvernement peut vous affirmer que, dès à présent, votre situation financière se présente sous de meilleurs auspices.

## GESTION DE L'ANNÉE FINANCIÈRE 1893-1894

Les résultats essentiels de la gestion 1893-1894 sont connus.
On peut s'en faire une idée par l'annexe n° 1. L'état définitif des
comptes subira peut-être quelques corrections ; mais elles n'in-
flueront pas sensiblement sur les conclusions qui en ont été
tirées.

Nos arguments ne sont donc pas de simples prévisions, mais
des faits prouvés et incontestables.

Lors de la dernière revision du budget, nous avons calculé
que le bilan des recettes et des dépenses pour l'année financière
1893-1894 se clôturerait à peu près comme suit :

|  | ORDINAIRES | EXTRA-ORDINAIRES | TOTAL |
|---|---|---|---|
| Recettes . . . . . | 43.674:456 $ 700 | » | 43.674:456 $ 700 |
| Dépenses. . . . | 42.860:427 $ 280 | 1.816:595 $ 000 | 44.677:022 $ 280 |
| Déficit. . . . | | | 1.002:565 $ 580 |

Après la discussion et le vote du budget par les Chambres,
eut lieu la promulgation de la loi du 30 juin 1894 autorisant la
perception des recettes et leur application aux dépenses de l'État
sur les bases suivantes :

|  | ORDINAIRES | EXTRA-ORDINAIRES | TOTAL |
|---|---|---|---|
| Recettes . . . . | 43.839:446 $ 700 | » | 43.839:446 $ 700 |
| Dépenses . . . . | 42.963:433 $ 020 | 1.866:595 $ 000 | 44.830:028 $ 020 |
| Déficit. . . . | | | 990:581 $ 320 |

Mais, en dehors de l'autorisation budgétaire des dépenses ci-
dessus, dont le chiffre est de 44.830:028 $ 020 reis :

— la même loi du 30 juin 1893 autorisa : le paiement de
150:000 $ 000 reis à la Compagnie des Eaux de Lisbonne ; la sub-
vention de 17:400 $ 000 reis pour la navigation de l'Algarve et
du Sado ; et des crédits spécialement affectés aux ministères
des finances, de la guerre et de la marine comme complément de

l'exercice antérieur et s'élevant à 388:700 $ 000 reis : ce qui a accrû la dépense de 556:100 $ 000 reis ;

— en vertu de la loi du 12 avril 1892, un crédit de 64:000 $ 000 reis fut ouvert par décret du 22 décembre 1893, pour être spécialement affecté à compléter les sommes attribuées pendant l'exercice précédent aux frais de matériel et d'alimentation de l'armée;

— la loi du 20 mai 1893 autorisant, jusqu'au 1er septembre de la même année, la conversion de la dette extérieure en dette intérieure détermina, en ce qui concerne les charges de la dette publique inscrites au budget de 1893-1894, un accroissement de dépense qui s'élève à 259:698 $ 467 reis, la prime de l'or étant calculée à 25 0/0, comme elle l'a été dans ce budget même, et déduction faite de l'impôt correspondant sur le revenu ;

— enfin des lois diverses, portant date du 27 juillet 1893, autorisèrent : des crédits spéciaux affectés aux travaux publics et ouverts par décrets des 5 août, 14 septembre, 15 novembre et 26 décembre de cette année, s'élevant ensemble à 516:887 $ 730 reis ; des crédits spéciaux pour des dépenses extraordinaires du service sanitaire, ouverts par décrets du 5 août et du 21 décembre 1893 et dont le chiffre atteignit 65:000 $ 000 reis ; le paiement de 77:804 $ 171 reis pour solde des déficits de l'administration de l'hôpital St-Joseph, et l'affectation de la somme de 8:083 $ 470 reis à l'Institut ophtalmologique.

Ces autorisations représentent le chiffre de 1.547:573 $ 838 reis, qui vient s'ajouter à celui de 44.830:028 $ 020 reis de dépenses prévues par la loi budgétaire de 1893-1894.

Le total des recettes et des dépenses calculées et autorisées par cette loi et par celles que j'ai citées plus haut a donc été :

Pour les recettes ordinaires . . . . . . . . . . 43.839:446 $ 700
Pour les dépenses ordinaires et extraordinaires . 46.377:601 $ 858

Déficit prévu pour 1893-1894. . . . 2.538:155 $ 158

Malgré cela, au mois de juin de l'année courante, nous présumions déjà, d'après le calcul des comptes partiels établis jusqu'à la fin janvier, qu'en tenant compte de tout, même des dépenses impossibles à prévoir, comme celles qu'ont occasionnées les réfugiés brésiliens et les mesures adoptées en vue de la crainte exagérée d'une invasion de choléra, le déficit final effectif, toutes corrections faites, ne dépasserait pas 1.412:000 $ 000 reis.

Les comptes d'administration de l'année financière prouvent maintenant, comme le démontre l'annexe n° 1, que nous ne nous sommes pas trompé.

Ces comptes présentent un écart de 1.889:681 $ 031 reis, en argent, entre les recettes et les dépenses. Mais comme, au 30 juin dernier, la junte du crédit public avait une encaisse de 522:537 $ 786 reis provenant des douzièmes reçus du Trésor pour subvenir au paiement des charges des titres de la dette en circulation, il est évident que, déduction faite de cette somme, qui doit, comme solde en argent en faveur du Trésor, compenser celle qui figure aux comptes de la gestion contre le Trésor, le déficit a été, en réalité, de 1.367:143 $ 245 reis.

C'est beaucoup moins que ne l'avaient prévu et autorisé les lois de la recette et de la dépense ; et moins encore que ce qui avait été calculé au mois de juin.

Tel est le résultat final de la gestion de cette année financière.

Apprécions-la maintenant dans ses éléments essentiels, que nous allons comparer avec ceux des gestions antérieures.

Le total des recettes a été de 46.156:815 $ 438 reis ; il avait été de 41.886:967 $ 685 reis en 1892-1893 ; et de 38.643:208 $ 621 reis en 1891-1892. Elles ont, par conséquent, augmenté de 7.513:606 $ 817 reis en deux ans, soit de plus de 16 0/0.

Parallèlement, le total des dépenses, qui avait atteint en 1892 le chiffre de 54.947:083 $ 433 reis, s'est réduit à 48.013:140 $ 041 reis en 1892-1893 et maintenu en 1893-1894 à 48.046:496 $ 469 reis, malgré les sommes considérables qui ont été dépensées pendant cette année financière comme complément de l'exercice 1892-1893, en vertu des crédits spéciaux, que j'ai mentionnés plus haut. Ce qui équivaut à dire que, pendant les deux dernières années, le débours du Trésor a été réduit de 6.900:586 $ 964 reis.

Si, d'un côté, la réduction des intérêts de la dette publique intérieure et extérieure y a contribué pour la somme de 6.000:000 $ 000 reis, il n'est pas moins vrai que, de l'autre, le taux du change a grevé nos dépenses effectives de plus de 2.500:000 $ 000 reis sur les paiements en or faits à l'étranger, et que des circonstances imprévues nous ont obligé, il y a quelques mois à peine, à des dépenses extraordinaires de plus de 300:000 $ 000 reis, occasionnées par les émigrés brésiliens et par les mesures préventives contre le choléra.

Cela prouve que ladite réduction du service annuel de notre dette a été et est encore incontestablement nécessaire ; mais que ce n'est pas par ce seul moyen que nous avons tâché de mettre les recettes au niveau des dépenses. C'est du développement du travail national, du travail dans toutes ses manifestations productrices, et en même temps, des sacrifices et des restrictions que tous, en général, se sont imposés dans le pays, que résultent les données que je puis vous présenter aujourd'hui dans l'état suivant, hautement significatif par la simple expression de ses chiffres.

| ANNÉES FINANCIÈRES | RECETTES | DÉPENSES | DÉFICITS |
|---|---|---|---|
| 1891-1892 . . . | 38.643:208$621 | 54.947:083$433 | 16.303:874$812 |
| 1892-1893 . . . | 41.886:967$685 | 48.013:140$041 | 6.126:172$356 |
| 1893-1894 . . . | 46.156:815$438 | 48.046:496$469 | 1.889:681$031 |

Dans l'espace de deux ans, le déficit de l'année financière a décru de 16.303.874$812 reis à 1.889:681$031 reis. J'ai déjà démontré que, compensation faite du solde existant au 30 juin 1894 dans les caisses de la junte du crédit public, la différence entre les recettes et les dépenses de l'année financière, écoulée tout récemment, a été en réalité de 1.367:143$245 reis.

## EXERCICE 1893-1894

La spécification et la confrontation que nous venons de faire par années financières ne peuvent encore avoir lieu par exercices (1), celui de 1893-1894 n'étant pas encore complet, car, suivant notre système de comptabilité, il ne doit se clore qu'au 31 décembre prochain. L'annexe n° 2 présente les résultats des exercices antérieurs, de 1878-1879 à 1892-1893.

Mais comme les exercices embrassent dix-huit mois, tandis que les années financières n'en comprennent que douze, et, par conséquent, la gestion de chacune de ces années mentionne séparément ce qui appartient au complément de l'exercice antérieur et ce qui concerne l'exercice courant, nous pouvons décomposer les comptes de gestion financière des dernières années, et distinguer les exercices auxquels appartiennent les recettes

(1) En Portugal, la gestion de l'année financière comprend les douze mois de cette année, du 1er juillet au 38 juin. L'exercice est de dix-huit mois.

réalisées pendant chacune de ces gestions et les dépenses faites pendant la période correspondante.

Nous voyons ainsi que sur la totalité des recettes et des dépenses afférentes aux gestions financières de 1889-1890 à 1893-94, les sommes ci-dessous ont appartenu aux exercices respectivement antérieurs, savoir :

| ANNÉES FINANCIÈRES | EXERCICE ANTÉRIEUR | | |
| --- | --- | --- | --- |
| | RECETTES | DÉPENSES | DÉFICIT |
| 1889-1890 . . . | 1.850:555 $ 237 | 8.485:977 $ 106 | 6.635:421 $ 867 |
| 1890-1891 . . . | 1.908:103 $ 255 | 6.867:626 $ 225 | 4.959:522 $ 970 |
| 1891-1892 . . . | 2.966:317 $ 007 | 10.037:334 $ 664 | 7 071:017 $ 657 |
| 1892-1893 . . . | 2.100:162 $ 817 | 7.524:936 $ 723 | 5.424:773 $ 906 |
| 1893-1894 . . . | 2.980:458 $ 188 | 6.828:412 $ 532 | 3.847:954 $ 344 |

Par conséquent, les déficits, ou les différences entre les recettes et les dépenses relatives aux périodes complémentaires des exercices antérieurs, ont baissé de 7.071:017 $ 657 reis en 1891-1892 à 5.424:773 $ 906 reis en 1892-1893 et à 3.847:954 $ 344 reis en 1893-1894.

Voici, quant aux exercices courants, les résultats offerts par les diverses gestions financières :

| ANNÉES FINANCIÈRES | EXERCICE COURANT | | | |
| --- | --- | --- | --- | --- |
| | RECETTES | DÉPENSES | DÉFICIT | SOLDE |
| 1889-1890 | 37.584:742 $ 323 | 45.873:621 $ 756 | 8.288:879 $ 433 | » |
| 1890-1891 | 37.956:359 $ 233 | 44.504:756 $ 905 | 6.548:397 $ 672 | » |
| 1891-1892 | 35.676:891 $ 614 | 44.909:748 $ 769 | 9.232:857 $ 155 | » |
| 1892-1893 | 39.786:804 $ 868 | 40.488:203 $ 318 | 701:398 $ 450 | » |
| 1893-1894 | 43.176:357 $ 250 | 41.218:083 $ 937 | » | 1.958:273 $ 313 |

Au 30 juin de chaque année, le bilan des recettes et des dépenses des douze mois écoulés jusqu'à cette date a démontré que le déficit était : pour l'exercice 1889-1890 de reis 8.288:879 $ 433 ; pour celui de 1890-1891 de 6.548:397 $ 672 reis ; pour celui de 1891-1892 de 9.232:857 $ 155 reis ; de 701:398 $ 450 reis seulement pour l'exercice 1892-1893, et que pour l'exercice encore ouvert de 1893-1894, il y a, au lieu de déficit, un solde effectif de 1.958:273 $ 313 reis. Il peut se faire que la période complémentaire donne lieu en fin de compte à la rupture de l'équilibre, ce à quoi on s'est toujours attendu ; mais le fait, qui se produit pour la première fois pendant les dernières années, de l'existence d'un solde de près de 2.000:000 $ 000 au 30 juin, tandis qu'à pareille date c'était par des centaines et des milliers de contos que se chiffrait le manque d'équilibre des années antérieures, démontre en toute évidence combien la situation s'est améliorée, ainsi que la sincérité et le bon résultat des efforts employés dans le but de rétablir l'équilibre des recettes et des dépenses.

Les chiffres que nous venons de présenter en sont la preuve manifeste.

## BUDGET POUR 1894-1895

Le budget de l'année financière courante se présente en équilibre.

Pendant la clôture du Parlement et jusqu'à ce que les Chambres pussent apprécier la situation et délibérer, le gouvernement, par décret du 30 juin dernier, prorogea l'exécution de la loi du 30 juin de l'année passée et continua à faire observer à l'égard des recettes et des dépenses ce qui avait été prévu par le budget rectifié et voté pendant la session législative de 1893.

Toutefois, les résultats effectifs de la gestion financière 1893-1894, et les circonstances afférentes aux branches diverses du service public, conseillent d'introduire dans ce budget les modifications justifiées et réclamées par les besoins de l'administration, d'autant mieux que le résultat de ces modifications se traduit par la prévision d'un solde positif dans les comptes du Trésor.

Dès que la crise financière prit un caractère aigu et l'insuffisance des ressources de l'État imposa la réduction des charges de la dette publique, ébranlant ainsi notre crédit sur les marchés étrangers, on reconnut la nécessité de recourir aux plus grands sacrifices pour nous restreindre à nos propres ressources et subordonner les dépenses aux recettes, attendu que nous ne devions plus faire de grands emprunts pour rétablir l'équilibre budgétaire.

Cet équilibre fut dès lors l'objet de notre préoccupation constante : problème d'autant plus difficile, que sa résolution ne dépend pas seulement de la volonté du Parlement qui fait la loi, ou du gouvernement qui l'exécute, mais de circonstances extrêmement complexes, inhérentes à la vie du pays et dont il faut tenir compte dans la mesure de la sollicitude alliée à la prudence, pour qu'en croyant sauver la situation on n'aille point stériliser les sources de production et de richesse appelées, en fin de compte, à en vaincre les difficultés.

Heureusement, la crise économique ne nous a pas atteints aussi profondément que celle du Trésor proprement dite. C'est pour cela que — malgré toutes les difficultés et toutes les charges que le retrait de l'or, bien plus que sa rareté, nous a soulevées en augmentant la cherté de la monnaie métallique, en pesant sur le taux du change, et en rendant difficile le transfert des fonds ; — malgré la perturbation et tous les obstacles soudains, que l'ébranlement du crédit du Trésor a fait réfléchir sur le commerce et l'industrie ; — malgré les lourdes et progressives charges que la loi du 26 février 1892 a imposées à toutes les classes, à la propriété et à l'agriculture, au capital et à l'industrie, aux fonctionnaires et aux porteurs de la dette publique ; malgré tout cela, dis-je, — les faits et les statistiques le démontrent à l'égal des comptes de la gestión financière de 1893-1894, — le travail, le mouvement, la production et la richesse du pays n'ont pas sombré, et la plus-value des recettes a atteint un chiffre plus élevé qu'on ne l'avait calculé tout d'abord.

La loi du 30 juin 1893 établissait une prévision de recettes de 43.839:456 $ 700 reis. La perception a atteint 46.156:782 $ 309 reis.

C'est en cela que consiste essentiellement la raison d'être de l'équilibre du budget actuel.

C'est en calculant les recettes d'après celles de l'année passée et celles qu'on peut prévoir réellement pour l'année courante, et en évaluant les charges et les dépenses d'accord avec les exigences des services publics, que la confrontation des articles du budget n'offre pas de déficit.

Nos prévisions sont-elles exagérées ? Celles de l'année passée ne l'ont pas été. En mettant d'une part les autorisations concernant les recettes et les dépenses et d'autre part les comptes de la gestion financière, nous venons de prouver que le déficit de 1893-1894 a été en réalité fort inférieur, non seulement aux prévisions du budget, mais encore à celui que je prévoyais moi-même, le 30 juin dernier. Ces comptes-là, ainsi que ceux de l'exercice. auxquels j'ai fait allusion, et, en outre, les conditions de notre marché, la cote des fonds, les taux du change, l'état de la circulation fiduciaire, l'abondance même d'argent sur les marchés étrangers sont, comme je vais le démontrer ici même, autant d'éléments qui justifient ou favorisent à l'envi, directement ou indirectement, le budget que nous vous présentons et qui, d'ailleurs, est établi conformément aux préceptes réglementaires de la comptabilité publique.

Il peut, il est vrai, survenir des circonstances susceptibles d'affecter nos calculs et de les modifier plus ou moins. L'amélioration du change du Brésil, qui ne se manifeste que peu sensible pour le moment, nous fournirait bientôt la ressource avantageuse des sommes qui se trouvent en retrait dans ce pays-là. Le besoin de défendre nos intérêts coloniaux peut nous contraindre à faire de plus larges dépenses extraordinaires ; et, tout récemment encore, une expédition militaire partait pour Lourenço Marques, sans qu'il soit aisé de préciser, dès à présent, le temps qu'elle y restera, et la dépense qu'elle nous occasionnera. Il va sans dire que, séparément, et au moyen d'un crédit extraordinaire, nous devrons suppléer à cette dépense dont le chiffre diminuera d'autant le solde du budget. Cela est inévitable. Mais ce serait bien pis, si ce chiffre venait s'ajouter à un déficit déjà prévu.

L'équilibre que présente le budget ne signifie point que la situation soit sans nuages et que toutes les difficultés de notre situation se trouvent écartées. Il signifie seulement, et c'est déjà beaucoup, que le pays possède les ressources normales dont il a besoin pour vivre et que, dans les circonstances difficiles où il s'est trouvé et pendant la dure épreuve des dernières années, bien loin de manquer de volonté et d'énergie pour la lutte, il s'est résigné hardiment aux sacrifices nécessaires pour pouvoir équilibrer à bref délai les recettes et les dépenses, et donner satisfaction à ses engagements au fur et à mesure de la plus-value de ses ressources.

Je n'entrerai point ici dans l'explication détaillée des articles du budget. C'est là l'objet d'un document spécial. Je veux, cependant, donner une idée précise des éléments essentiels qui en forment la base et qui ont des rapports intimes avec les conclusions que je tire dans cet exposé.

En ce qui concerne les recettes :

Le tableau suivant résume les prévisions de l'année passée et celles de la courante, comparées aux résultats de la gestion financière 1893-1894.

| RECETTES | BUDGET de 1894-1895 | LOI du 8o juin 1893 | GESTION FINANCIÈRE 1893-1894 |
|---|---|---|---|
| Impôts directs . . . . . | 12.302:500 $ 000 | 18.065:430 $ 000 | 11.120:396 $ 316 |
| Enregistrement et timbr· | 4.404 600 $ 000 | 3.786:500 $ 000 | 4.144:027 $ 124 |
| Impôts indirects . . . . | 22.601:633 $ 330 | 20.506:860 $ 000 | 23.629:699 $ 363 |
| Additionnels des contri- butions . . . . . . | 1.140:600 $ 000 | 1.725:800 $ 000 | 1.276:216 $ 282 |
| Biens nationaux . . . | 4.192:870 $ 150 | 3.730:304 $ 550 | 3.492:144 $ 023 |
| Compensations des dé- penses . . . . . . | 2.866:398 $ 900 | 3.024:562 $ 150 | 2.492:299 $ 201 |
| Total. . . . . . . | 47.508:602 $ 380 | 43.839:456 $ 700 | 46.156:782 $ 309 |

La plus-value de 1.237:000 $ 000 reis sur les impôts directs, relativement au budget précédent, est due principalement à ce que par suite du remaniement de ce budget et de l'incorporation qui y a été faite de tous les additionnels, à l'exception de ceux créés en 1890 et 1892, la contribution industrielle y est prévue pour une plus-value de 510:000 $ 000 reis : ce qui n'est certainement pas exagéré.

La plus-value de 551:000 $ 000 reis de l'impôt sur le revenu provient de ce qu'on y a compris, en entier, les intérêts des titres au pouvoir du Trésor, titres qui sont d'ailleurs décrits au chapitre correspondant des dépenses, et qui ne l'ont pas été pour la gestion financière écoulée ; elle provient également de ce qu'on y a compris les intérêts des titres de la dette extérieure, convertis en titres de la dette intérieure en vertu de la loi du 20 mai 1893. La contribution foncière accuse une plus-value de 70:000 $ 000 reis, en compensation des dépenses occasionnées par la confection des matrices ou cadastres parcellaires. Le calcul établi d'après les perceptions des dernières années fait prévoir les plus-values de 15:000 $ 000 reis pour l'impôt sur les loyers ; de 24:000 $ 000 reis pour l'impôt sur les capitaux placés à intérêt ; de 61:000 $ 000 reis pour les émoluments des consulats et des secrétaireries d'État, et de 6:000 $ 000 reis pour divers revenus.

Le produit des impôts de timbre et d'enregistrement est évalué à 618:000 $ 000 reis en plus qu'au budget de 1893-1894. Sur ce

chiffre, 564:000 $ 000 reis sont attribuables à l'impôt de timbre.
L'annexe n° 3 démontre, en effet, qu'en vertu surtout de la loi du
21 juillet 1893, le rendement effectif de cet impôt pendant toute
cette année financière a été de 2.239:138 $ 753 reis, tandis qu'il
n'avait atteint que le chiffre de 1.796:230 $ 054 reis pendant
l'année précédente et celui de 1.712:294 $ 220 reis pour la gestion
financière antérieure ; encore y a-t-il lieu de tenir compte de ce
que, non seulement cette loi n'a été mise en vigueur qu'un
mois après le commencement de l'année respective, mais encore
que dans le but de faire droit à diverses réclamations, les arrêtés
ministériels des 29 juillet, 26 août et 30 décembre retardèrent la
mise à exécution de quelques-unes de ses dispositions. La plus-
value de 54:000 $ 000 reis, prévue pour la contribution d'enregis-
trement, est la résultante des dernières perceptions annuelles.

Les prévisions du rendement des impôts indirects dépassent
de 2.094:773 $ 330 reis celles de la loi du 30 juin 1893 ; mais
il suffit de considérer que ces impôts ont produit pour l'année
financière 1893-1894 la somme de 3.122:839 $ 363 reis, en plus des
prévisions de ladite loi, et que, par conséquent, celles de l'année
courante sont inférieures de 1.028:066 $ 033 reis à celles de l'année
passée. C'est l'accroissement des recettes douanières d'importation
et d'exportation (à l'exclusion des tabacs et des céréales), qui
se sont élevées de 10.878:603 $ 777 reis en 1892-1893 à
12.209 : 196 $ 337 reis en 1893-1894 (annexe n° 4), qui a permis
de distribuer aux créanciers étrangers 404:598 $ 168 reis d'ex-
cédent sur la base de 11.400:000 $ 000 reis, fixée par la loi du
20 mai 1893.

Il est certain, et il y a lieu de s'en féliciter, que la récolte du
blé a été abondante, et que, par conséquent, le produit de l'importation étrangère devra être très réduit pendant l'année courante ; mais c'est pour cela même que les droits sur les céréales
étrangères, qui ont produit effectivement 2.501:386 $ 993 reis
pendant l'année passée, n'ont été prévus maintenant que pour
1.100:000 $ 000 reis ; encore faut-il tenir compte de ce que
l'article « céréales » comprend, outre le blé, d'autres céréales
dont l'importation ne souffrira probablement pas de réduction.
L'impôt sur l'alcool est évalué présentement à un chiffre plus
élevé qu'au budget de 1893-1894, parce que le rendement de cet
impôt pendant la dernière année a été supérieur, en réalité, comme
je le démontrerai tout à l'heure. J'ai même la conviction que le

rendement des impôts indirects dépassera de beaucoup les prévisions du budget.

Le chapitre des additionnels contient une réduction de 585:000 $ 000 reis, provenant d'une transposition d'articles, de quelques rectifications, et du mode d'établir différemment la comptabilité des recettes. Il y a au chapitre des biens nationaux et des recettes diverses, une plus-value de 75:000 $ 000 reis provenant du rendement des postes, et de quelques réductions qui atteignent le chiffre de 79:000 $ 000 reis. Par contre, on y a inséré les intérêts que l'État doit recevoir des obligations de la Compagnie royale des chemins de fer, qui lui ont été attribuées par la convention récente en paiement de la dette de cette Compagnie. Ces intérêts, d'ailleurs payés en or, représentent au pair et sans tenir compte de la différence du change, la somme de 196:000 $ 000 reis. On y a inscrit également, comme recette parallèle à la dépense, celle de 270:000 $ 000 reis de garantie d'intérêts, que le gouvernement a été autorisé par les lois du 22 juillet 1882 et du 29 août 1889 à fournir pour l'exploitation du chemin de fer de Salamanca à la frontière, et qui, en vertu du contrat du 10 mai 1894, fait avec l'entreprise respective et les banques de Porto, est portée annuellement au compte d'amortissement du crédit du Trésor. Les compensations des dépenses comprennent les altérations survenues et représentent une différence de 158:000 $ 000 reis en moins, par rapport au budget antérieur.

En résumé, les prévisions des recettes pour l'année financière 1894-1895 dépassent de 1.351:820 $ 071 reis le rendement de l'année 1893-1894. La gestion de la dernière année financière, rapportant réellement au Trésor 2.317:325 $ 609 reis de plus que le budget respectif, a déjà démontré que, dans les derniers temps, les calculs budgétaires ne se sont pas élevés au-dessus de la réalité, mais que les recettes se sont accrues effectivement au delà des prévisions.

Les comptes de l'année financière 1894-1895 démontreront si les calculs que nous établissons maintenant sont exacts ou non.

En ce qui concerne les dépenses, le tableau suivant rend faciles l'appréciation et la confrontation de ces comptes.

|  | BUDGET de 1894-1895 | LOI du 30 juin 1893 | GESTION FINANCIÈRE de l'année 1893-1894 |
|---|---|---|---|
| **DÉPENSES ORDINAIRES :** | | | |
| Charges générales . . . | 7.578:944 $ 206 | 4.178:474 $ 581 | 7.165:293 $ 760 |
| Dette consolidée . . . . | 15.991:491 $ 519 | 18.063:118 $ 544 | 17.785:883 $ 348 |
| Différences de change. . | 400:000 $ 000 | 400:000 $ 000 | (a) » |
| Service des Ministères : | | | |
| des Finances. . . . . | 3.256:743 $ 537 | 3.173:799 $ 245 | 3.236:516 $ 959 |
| de l'Intérieur . . . . | 2.312:049 $ 731 | 2.279:022 $ 991 | 2.319:433 $ 096 |
| de la Justice. . . . . | 1.022:062 $ 821 | 1.029:329 $ 481 | 1.007:196 $ 248 |
| de la Guerre. . . . . | 5.167:958 $ 025 | 5.123:473 $ 701 | 5.466:813 $ 963 |
| de la Marine et des Colonies : | | | |
| Marine . . . . . | 2.774:764 $ 430 | 2.471:075 $ 154 | 2.744:874 $ 068 |
| Colonies . . . . | 1.080:894 $ 120 | 1.052:500 $ 000 | 540:513 $ 602 |
| des Affaires Étrangères . | 386:309 $ 710 | 390:209 $ 700 | 410:143 $ 798 |
| des Travaux Publics, du Commerce et de l'Industrie . . . . . . | 5.106:880 $ 736 | 4.741:964 $ 623 | 4.525:022 $ 761 |
| Caisse génér. des dépôts | 60:465 $ 000 | 60:465 $ 000 | (a) » |
| **DÉPENSES EXTRAORDINAIRES :** | | | |
| Service des Ministères : | | | |
| des Finances. . . . . | 20:000 $ 000 | 20:000 $ 000 | 10:943 $ 962 |
| de la Guerre. . . . . | 53:400 $ 000 | 40:000 $ 000 | 66:027 $ 474 |
| de la Marine et des Colonies : | | | |
| Marine . . . . . | 150:000 $ 000 | » | 28:499 $ 211 |
| Colonies . . . . | 530:000 $ 000 | 530:000 $ 000 | 834:784 $ 880 |
| des Affaires Étrangères . | 27:000 $ 000 | 41:595 $ 000 | 37:195 $ 520 |
| des Travaux Publics, du Commerce et de l'Industrie . . . . . . . | 1.405:000 $ 000 | 1.235:000 $ 000 | 1.689:520 $ 893 |
| Total. . . . . . | 47.323:963 $ 835 | 44.830:028 $ 020 | 48.046:496 $ 469 |

(a) Comprise dans les chapitres respectifs.

Le groupe formé par les trois chapitres compris sous les titres
de charges générales, dette consolidée et différences de change
représentaient pour 1893-1894 une prévision de dépenses de
22.641:593 $ 525 reis, qui s'est traduite par le débours réel de
24.951:177 $ 108 reis, évalué maintenant à 23.970:435 $ 725 reis.
La consignation attribuée à ce service n'est pas insuffisante,
comme la confrontation relative à la dette consolidée pourrait le
faire croire. La différence consiste en ce que, pendant la gestion

financière 1893-1894, la junte du crédit public a reçu du Trésor et appliqué non seulement les consignations de cette année, s'élevant à 14.448:556 $ 186 reis, mais encore le complément de la consignation de 1892-1093, soit 3.331:019 $ 904 reis ; et en ce que pendant l'année financière courante, comme il n'y a à dépenser que la consignation de cette année elle-même, il faudrait rabattre de ce chapitre la somme de 3.331:000 $ 000 reis, s'il ne restait encore à liquider les intérêts des titres de la dette intérieure possédés par le Trésor, relatifs au premier semestre 1894, et ceux des titres de la dette extérieure de ce semestre et du semestre antérieur.

En ce qui concerne les dépenses ordinaires et extraordinaires du service de tous les ministères, tout en tenant compte des altérations exigées par les services publics, la différence en plus du budget actuel sur la totalité des dépenses effectuées pendant la gestion de l'année passée n'est que de 258:208 $ 749 reis.

Si l'on considère que, parallèlement aux recettes, la somme de 270:000 $ 000 reis pour garantie d'intérêts des chemins de fer de Salamanca à la frontière est maintenant inscrite aux dépenses, et que le prolongement de la ligne du chemin de fer d'Ambaca détermine l'augmentation de dépense résultant des garanties respectives, il faut bien reconnaître que le chiffre des dépenses prévues ne sort pas de ses limites nécessaires et strictes.

Il me paraît donc démontré que si les dépenses sont en équilibre avec les recettes, ce n'est pas en faussant les articles du budget, mais bien parce que les dépenses ont été ramenées à ce qui est indispensable à l'administration de l'État, tandis que les recettes, soit en vertu des mesures adoptées, soit par suite du développement naturel de la richesse publique, ont dépassé réellement les prévisions approuvées par les Chambres dans la loi du 30 juin 1893.

Il serait aussi dangereux d'exagérer les espérances qu'injustifiable d'amoindrir l'exactitude des faits dans leur portée bienfaisante pour le pays.

## SITUATION FINANCIÈRE

Nous avons dit plus haut que l'exposé loyal et précis de l'état économique et financier du 30 juin dernier avait favorisé le mouvement de hausse de la cote de nos fonds, parce que, en éclairant l'appréciation des marchés étrangers, il a disposé ceux-ci à avoir une plus grande confiance dans les ressources du Trésor. Nous avons ajouté que la distribution faite, en juillet, d'un excédent assez considérable sur les 11.400:000 000$ reis du rendement des douanes, que la loi du 20 mai de l'année dernière a établis comme base pour le paiement des coupons aux porteurs de la dette extérieure, confirmant ainsi ce qui avait été annoncé au mois de juin, a raffermi davantage la hausse de la cote.

C'est ce que prouvent les annexes n°ˢ 8 et 9.

Au mois de janvier de l'année courante, nos titres consolidés 3 0/0 ont été cotés à Londres 21 4/32-19 7/32, et à Paris, le 4 0/0 amortissable 124—111,25 et le 4 1/2 0/0 142—133. La hausse a commencé à se prononcer lentement pendant les mois suivants, de sorte qu'au mois de juin le 3 0/0 a été coté 22 29/32-22 7/32, le 4 0/0 144,50—140 et le 4 1/2 168—161. De juin à juillet, le 3 0/0 est monté à 23 19/32—22 15/32, le 4 0/0 à 154—143 et le 4 1/2 0/0 à 177,50—166. Au mois d'août le 3 0/0 s'est élevé à 25 1/32—23 15/32, le 4 0/0 à 164,50—154 et le 4 1/2 à 189—176,50. Au mois de septembre le 3 0/0 a fait 26 21/32—24 19/32, le 4 0/0 167,50—159,75, et le 4 1/2 0/0 192—183. Aujourd'hui la cote moyenne du 3 0/0 est 25,5, celle du 4 0/0 160 et celle du 4 1/2 182,5.

Parallèlement et sur notre marché, le 3 0/0 de la dette intérieure, dont la hausse avait été de 27,25-26,10 à 30,10-29,10 en six mois, de janvier à juin, continua dans la même proportion pendant les trois mois suivants, atteignant ainsi 33,75-31,50 en septembre.

Les amortissables internes ont eu leur part du mouvement de hausse, surtout le 4 1/2 qui était à 39,500—37,800 en juin et qui est monté à 41,400—38,900 en juillet, à 42,900—41,400 en septembre, et qui fait maintenant, au mois d'octobre, 47,500.

Il est certain que des causes générales agissant sur les marchés étrangers et se réfléchissant sur le nôtre ont établi un courant favorable ; mais il est de toute évidence que, malgré l'influence bienfaisante de ces circonstances extrinsèques, si l'état de nos finances et les embarras de notre administration avaient révélé une diminution des ressources du Trésor et l'aggravation de la situation du pays, le manque de confiance en notre solvabilité aurait déterminé, en tout cas, non la hausse, mais la baisse des fonds. Ce qui est bien plus significatif encore, c'est que, toute proportion gardée, parmi les titres cotés aux Bourses principales, les nôtres comptent parmi ceux qui ont été le plus affectés par la hausse.

Mettant à profit les conditions offertes par cette occasion favorable, le gouvernement a réalisé une opération importante sur les obligations des tabacs.

On sait que la loi du 23 mars 1891 avait sanctionné le contrat du 26 février antérieur, qui faisait dépendre la concession de l'exclusif de la manufacture des tabacs d'un emprunt destiné à l'amortissement de la dette flottante. En vertu de ce contrat, trois groupes de banquiers français, allemands et portugais, sans solidarité entre eux, entreprirent l'émission et le placement de 500:000 obligations, au prix de 402 francs chaque, sous déduction de 1 0/0 de commission, de 1/8 0/0 de courtage, et de 1,75 de frais par titre de 500 francs : ce qui en réduisit le prix net à 394 fr. 625. Le groupe portugais fut postérieurement dégagé de la responsabilité de 90:000 obligations sur les 150:000 qu'il avait prises. Sur ces 90:000 obligations, qui devinrent ainsi la propriété de l'État, 66:000 furent vendues à diverses dates, savoir : 64:092 au prix de 350 francs, et 1:908 à 347,50. Il en resta donc 24:000, chiffre qui se trouvait réduit au commencement du mois d'août à 23:340 par suite de l'amortissement de quelques obligations. De son côté la Banque de Portugal en possédait aussi 24:031 de la même provenance.

Sur ces 47:371 obligations, le gouvernement a fait, avec cette Banque et en date du 4 août, l'opération qui appert de l'annexe n 10. Avec la Compagnie des tabacs de Portugal et la banque Lisboa et Açores, qui avaient antérieurement fait des avances au gouvernement sur garantie des obligations lui appartenant, avances qui n'étaient pas encore soldées, et avec les raisons sociales Fonsecas, Santos et Vianna, et Henry Burnay et Cie, qui avaient fait des ouvertures de transaction sur ces titres, il fut convenu : la vente ferme de 24:000 obligations des tabacs, au prix de 400 francs, net de tous frais, et accru du montant du coupon échu, jusqu'à la date du paiement devant avoir lieu à Paris ou à Londres, jusqu'au 30 septembre suivant, en or ou en traites payables dans ces villes ; et la vente, par consignation pendant un an, du reste des obligations, au prix minimum de 400 francs avec le coupon respectif, nets pour l'État et pour la banque, sans commission, ni courtage, ni charge de n'importe quelle nature, attendu que tous frais seraient pour le compte des preneurs, l'État et la banque devant toucher un quart du prix auquel les obligations seraient vendues au delà de 400 francs et jusqu'à 420, sous déduction de la partie correspondant au coupon, ainsi que la moitié de tout ce qui excéderait 400 francs, en cas de vente à plus de 420 francs, déduction également faite du coupon.

Le but principal de cette opération a été d'alléger les conditions du taux du change du marché, pour mettre ainsi le gouvernement à même d'effectuer ses paiements à l'étranger sans déterminer une influence onéreuse sur le change par la demande de transferts.

On voit que le prix de vente par l'État de la partie ferme a été supérieur à celui de l'émission 1891 et a excédé de beaucoup celui des ventes ultérieures. L'émission avait eu lieu à 394 fr. 625 et la vente postérieure à 350 et 347 fr. 50; maintenant le placement a été réalisé ferme à 400 francs et le coupon courant en sus; et cela quoique les paiements en or se fissent encore au pair en 1891, tandis qu'au mois d'août de l'année courante l'agio était onéreux et représentait 31,88 0/0. Au 4 août dernier, la cote de ces obligations à Paris était de 428,5, mais d'une telle sensibilité, que l'apparition de quelques centaines de titres sur le marché suffisait pour déterminer la baisse, à tel point qu'il a été nécessaire de préparer les marchés pour la réception d'un stock aussi considérable; et, en outre, le coupon échu valait déjà plus de 7 fr. 5 et était monté à 11,250 à la fin septembre, époque à laquelle le paiement au Trésor et à la banque devait se conclure.

Pour ce qui concerne la partie en consignation, un pourcentage plus élevé a été attribué aux preneurs sur les ventes qu'ils réaliseraient à moins de 420 francs, déduction faite du coupon, attendu qu'ils supportaient tous les frais et toutes les charges d'autant plus grands que la cotation du titre serait plus difficile, d'où résultait la nécessité de leur compenser dans le partage la diminution de la marge du prix. Je dois déclarer, cependant, que j'ai prévu que la hausse serait telle que, même sous déduction du coupon, les ventes s'effectueraient à plus de 420 ou même de 430 francs; car il y allait de l'intérêt des preneurs. Cette prévision s'est réalisée. Près de 6.000 de ces obligations en consignation ont été vendues, et le Trésor, ainsi que la banque, ont eu toutes, en sus de 400 francs et du coupon, le partage de la moitié de tout l'excédent. L'annexe 8 démontre que les obligations des tabacs, qui avaient coté 337-310 au mois de janvier, et 430-399 en juillet, sont montées à 434-427 au mois d'août, et à 446-432 francs en septembre, et se cotent aujourd'hui, ex-coupon, 432,25.

L'amélioration est déjà manifeste à l'égard de la prime de l'or. Le change sur Londres qui était à 40 en juin dernier est monté à 40 23/32 au mois d'août et à 41 5/16 en septembre (annexe n° 11) il est aujourd'hui à 42 3/4 — 42 5/8 ; le change sur Paris a été ramené de 715,5 en juin à 702,5 en août, et à 685,5 en septembre (annexe n° 12) ; il est aujourd'hui à 669-672.

Je dois ajouter que les avances faites au Trésor sur garantie des obligations des tabacs par la Compagnie des tabacs de Portugal et par la banque Lisboa et Açores ont été renouvelées à échéance plus reculée sans occasionner aucun débours en or et sans caution ni garantie spéciale : ce qui est bien significatif pour les conditions de notre crédit.

Le gouvernement a réalisé dernièrement une autre opération : c'est celle de la liquidation et de la stipulation du paiement de sa créance contre la Compagnie royale des chemins de fer à travers l'Afrique.

D'après les conditions dans lesquelles cette opération a été réalisée, et dont le développement est exposé par le préambule du contrat (annexes n°ˢ 15 et 16), il me semble que cette question qui intéresse à un si haut degré l'achèvement du chemin de fer d'Ambaca, qui se présentait si remplie de difficultés à l'intérieur, et qui aurait pu nous causer de graves complications internationales si une solution prompte et convenable n'était intervenue, a été bien résolue autant dans l'intérêt du Trésor, comme créancier, que dans celui de la province d'Angola.

Le mouvement rapide et croissant de cette ligne de chemin de fer ressort de l'annexe n° 17. Il constitue un élément précieux de développement pour la plus riche et la plus promettante de nos colonies.

Envisageons maintenant une autre face de la question : la situation du Trésor envers la banque d'émission et l'état actuel de la circulation fiduciaire.

On sait que le crédit en compte courant, ouvert au Trésor par la Banque de Portugal, et dont les conditions, aux termes du décret du 3 décembre 1891 et du contrat qui en a été la suite, doivent être fixées annuellement, a été porté, pour 1892-1893, de 6.000:000 $ 000 à 12.000:000 $ 000 reis, en vertu de l'accord du 7 juillet 1892, et que ce chiffre a été maintenu par contrat du 14 janvier 1893 pour le premier semestre de cette année et pour toute l'année financière 1893-1894, mais à l'intérêt réduit de 2 0/0. Cependant les circonstances du Trésor semblaient si difficiles, et l'accroissement de la circulation fiduciaire, préalablement autorisé par décret du 5 avril 1892 jusqu'au chiffre de 53.000:000 $ 000 reis paraissait tellement inévitable, qu'il fut stipulé audit contrat du 14 janvier que le montant des billets en circulation pourrait s'élever jusqu'à 9.000:000 $ 000 reis en plus, en augmentant le crédit du Trésor de deux tiers de ce supplément fiduciaire, avec intérêt de 1 0/0. Il fut convenu, en outre, de reculer d'un an les amortissements que l'état devait payer pour compte des emprunts de 7.000:000 $ 000 et 8.000:000 $ 000 reis, que la Banque lui avait faits, amortissements qui s'élevaient à plus de 1.000:000 $ 000 reis.

Comme garantie contre toute éventualité et dans le but d'alléger les charges du Trésor, la Banque proposa et le gouvernement accepta, au mois de juin dernier, de maintenir les mêmes conditions pour toute l'année financière 1894-1895. Les amortissements furent ajournés ; et, outre le crédit ordinaire de 12.000:000 $ 000 reis, le gouvernement eut ainsi à sa disposition un crédit supplémentaire de plus de 6.000:000 $ 000 reis, pour le cas où la limite de la circulation fiduciaire serait reculée de 54.000:000 $ 000 à 63.000:000 $ 000 reis.

Ceci expliqué, l'annexe n° 18, qui n'est que la suite de l'annexe n° 1, publiée avec mon exposé de l'état des finances du 28 juin, met bien en relief ce qui s'est passé pendant les derniers mois, de juillet à octobre.

Au 24 octobre, le débit en compte courant du Trésor envers la Banque était de 12.429 contos ; mais il y avait un solde de 1.571 contos, en compte de dépôt de la junte du crédit public, de sorte que la différence réelle et effective contre le Trésor était de 10:858 contos, inférieure par conséquent de 1.142 contos au crédit ordinaire lui-même, malgré la somme de 1.800:000 $ 000 reis qui a été inscrite le 1er juillet au compte courant du Trésor, en vertu du contrat réalisé le 10 mai de l'année courante avec les banques de Porto.

D'autre part, la circulation des billets de banque n'a pas dépassé la limite ordinaire de 54.000:000 $ 000 reis. Il n'a donc pas été nécessaire d'autoriser un supplément fiduciaire. La limite n'a même pas été atteinte, car au 24 octobre la circulation était de 51:438 contos.

Mais, pour pouvoir porter un jugement sûr, comparons les situations de juin, octobre et décembre 1893 à celles de juin et octobre 1894.

Voici, en contos de reis, le résumé de cette comparaison :

|  | COMPTE COURANT | DÉBIT Total | DÉPOT de la junte | CIRCULATION fiduciaire |
|---|---|---|---|---|
| 1893, 28 juin . . | 11:023 | 33:273 | » | 50:117 |
| » 31 octobre | 12:776 | 34:959 | 1:599 | 51:619 |
| » 30 décem. | 12:768 | 34:921 | 642 | 52:252 |
| 1894, 27 juin . . | 10:169 | 32:315 | 748 | 50:617 |
| » 24 octobre | 12:429 | 35:462 | 1:571 | 51:438 |

De juin 1893 à juin 1894, c'est-à-dire, pendant toute l'année financière 1893-1894, en tenant compte du dépôt de la junte du crédit public et en le compensant par le débit du compte courant, ce débit a diminué de 1:602 contos, et le débit total de 1:706 contos ; la circulation fiduciaire a augmenté à peine de 500 contos, tandis que, comme le prouve l'annexe n° 19, il s'était accrû de 7:152 contos de juin 1890 à juin 1891, atteignant plus de 25:336 contos jusqu'à juin 1892, et s'élevant encore jusqu'au mois de juin 1893 à plus de 6:421 contos.

En comparant le mois d'octobre courant avec pareil mois de l'année 1893, on voit que le compte courant, eu égard au dépôt de la junte, a été ramené de 11:167 contos à 10:858 ; le débit ne s'est élevé qu'à 531 contos, au total, malgré les 1:800 contos auxquels j'ai fait allusion ; et la circulation fiduciaire a diminué de 51:619 contos à 51:438.

Depuis le mois de décembre 1893 jusqu'à la présente date, le débit du compte courant a diminué de 1:268 contos, le débit total de 388 contos, et la circulation fiduciaire de 814 contos.

---

Il est donc incontestable que les ressources du Trésor et les conditions financières du pays se sont améliorées. Les comptes de gestion de l'année passée ont été clôturés avec un déficit moindre. Autant qu'il est possible d'en faire le calcul, les dépenses de l'année courante doivent se solder par les recettes dont l'augmentation a été considérable dans les derniers temps, surtout en ce qui concerne le revenu des douanes, qui intéresse aujourd'hui le plus les porteurs de notre dette extérieure ; la cote de nos fonds sur les marchés étrangers est plus élevée ; les changes ne sont plus aussi onéreux ; les limites ordinaires, assignées au compte courant du Trésor avec la banque d'émission et à la circulation fiduciaire, n'ont été ni excédées, ni même atteintes. Tout confirme donc ce que j'ai dit : la phase la plus aiguë, la plus critique de la crise est passée. Le pays peut se relever des secousses qui l'ont ébranlé ; il a pour y parvenir des forces et des ressources en quantité suffisante. Mais il ne faut pas se laisser abattre par les efforts ni le travail. La situation est encore délicate. Si les colonies nous fournissent, d'une part, des ressources importantes pour le commerce et la richesse du pays, elles nous obligent, d'autre part, à des soins et à un dévouement incessants et à de nombreuses dépenses, souvent imprévues. Nous vivons dans une période de lutte, et nous devons nous armer pour le combat pour que nous puissions avoir confiance en l'avenir. Régler et contenir les dépenses de l'État dans une sage mesure, c'est bien là, et ce sera toujours un besoin rigoureux ; mais cela ne suffit pas : il est indispensable de vouer une attention soutenue aux recettes et d'extraire des éléments imposables tout ce qui est possible et juste, parce que la condition essentielle du problème financier dépend aujourd'hui de l'accroissement des recettes.

La contribution industrielle a naguère été remaniée ; l'impôt sur le timbre a été augmenté ; l'impôt d'enregistrement pour titre onéreux est déjà assez lourd. Mais la contribution foncière, l'impôt somptuaire et sur les valeurs locatives, l'impôt d'enregistrement à titre gratuit, et l'impôt sur les capitaux placés à intérêt peuvent, ce me semble, être remaniés d'une façon avantageuse. Parmi les impôts indirects, il en est qu'il faut régler, comme ceux qui grèvent l'alcool et les allumettes. Il convient en outre d'introduire aux tarifs des douanes les modifications que l'expérience des derniers temps conseille dans l'intérêt du développement de nos industries et comme devant servir de base plus définie à la négociation des traités de commerce.

Telle est l'origine des propositions de loi annexées à ce compte rendu. Je vais vous exposer la pensée qui les a inspirées.

## CONTRIBUTION FONCIÈRE

La loi du 17 mai 1880 ayant adopté en principe le système de quotité et rencontré dans les matrices en vigueur à cette époque, d'une part, un revenu imposable de 27.831:485 $ 894 reis, et dans les lois annuelles de répartition, d'autre part, le contingent de cette contribution fixé à 31.070:000 $ 000 reis, fit procéder, graduellement et successivement, à l'organisation de nouvelles matrices et établit les règles suivantes, savoir :

— Que, tant que le revenu imposable inscrit aux matrices serait inférieur à 31.070:000 $ 000 reis, ce contingent serait maintenu fixe et réparti entre les districts aux termes précis du tableau de répartition alors en vigueur, sans autres altérations que celles qui proviendraient de toute modification des circonscriptions districtales ;

— Qu'à partir du moment où les matrices accuseraient un revenu imposable supérieur à 31.070:000 $ 000 reis, le contingent serait fixé, chaque année, au taux de 10 0/0 sur cet excédent de revenu, la répartition devant avoir lieu proportionnellement audit tableau ; pourvu cependant, que le contingent des districts, dont les matrices auraient été réorganisées ne fût pas inférieur à 10 0/0 du revenu inscrit, les différences qui en résulteraient devant être portées au compte des districts qui auraient déjà de nouvelles matrices et dont le contingent dépasserait ce pourcentage, sans pouvoir compenser l'imposition des autres districts que subsidiairement, après avoir effectué ces compensations, ou en cas où il n'y aurait pas lieu de les faire.

Or, depuis 1891, le revenu imposable inscrit au cadastre foncier a atteint et dépassé successivement les 31.070:000 $ 000 reis, que la loi de 1880 prit pour base.

Ce revenu, tel que le représente l'annexe 20, s'est élevé, à la clôture des matrices respectives, de 30.948:215 $ 713 en 1890 à 31.245:258 $ 491 reis en 1891, à 31.691:435 $ 780 reis en 1892 et à 31.818:548 $ 248 reis en 1893.

Et malgré cela, les décrets distribuant le contingent pour les années 1891, 1892, 1893 et 1894, d'après ces chiffres et conformément aux lois annuelles des recettes et des dépenses, ont maintenu inaltérablement, pour la fixation du contingent, ces

31.070:000 $ 000 reis, et pour sa répartition entre les districts le même tableau qui avait été dressé antérieurement, tout comme si le revenu imposable n'avait pas encore atteint ce chiffre de 31.070:000 $ 000 reis.

Ce qui équivaut à dire que la loi du 17 mai 1880 n'a pas été observée.

Il est vrai que l'observance de cette loi causerait actuellement de graves perturbations dans le régime tributaire de la propriété.

Au point de vue absolu, j'ai toujours préféré le système de répartition. C'est, en effet, celui qui permet au Trésor de percevoir, chaque année, le montant de l'impôt qui, en s'adaptant aux conditions de la propriété, correspond mieux aux exigences variables de la dépense publique.

Mais ce n'est pas sous ce point de vue simplement doctrinaire que la question acquiert en ce moment plus d'importance pour le gouvernement. C'est pratiquement et sur des données et des faits positifs que je prétends l'exposer et la traiter.

La loi de 1880 prit pour base l'établissement de nouvelles matrices. Celles de cette époque étaient, en effet, par trop incomplètes et informes : plusieurs propriétés n'y figuraient point; une grande partie du revenu s'y était dérobé ; la description des immeubles accusait des irrégularités flagrantes et l'évaluation y était faite avec la plus grande inégalité ; dans plusieurs arrondissements, les registres étaient tronqués; dans d'autres, qui en manquaient absolument, le service ne se faisait que d'après les tableaux de répartition, que l'on recopiait d'année en année.

Les nouvelles matrices ont déjà coûté 1.500:000 $ 000 reis et l'on évalue à 70:000 $ 000 reis, environ, la somme à dépenser pour les compléter, comme il est maintenant nécessaire de le faire. Cela prouve que les travaux touchent à leur terme.

Quel est le résultat de la revision des matrices ou cadastres parcellaires ?

Pour pouvoir renseigner le Parlement en toute sûreté et me mettre bien à même de lui proposer les mesures que l'inobservance de la loi de 1880 rend encore plus pressantes, j'ai formulé et adressé à tous les délégués du Trésor le questionnaire dont l'annexe nº 21 est la copie. C'est d'après les réponses et les informations de ces fonctionnaires qu'ont été dressés les tableaux qui figurent aux annexes nºs 22 et 23.

Ces documents étucident la question.

Les matrices ont été complètement refaites dans les districts de Beja, Evora, Faro, Guarda, Leiria, Portalegre, Santarem, Ponta Delgada, Angra et Horta. Celles du district de Lisbonne sont prêtes ; mais il a fallu corriger celles de l'arrondissement d'Alemquer.

Dans le district de Porto, celles de l'arrondissement de cette ville sont achevées ; dans les autres arrondissements, l'inspection est faite ou près d'être terminée. Dans le district de Braga, celles des arrondissements de Braga et de Terras do Douro sont déjà prêtes, celles de Barcellos, Vieira et Villa Verde sont en voie d'achèvement, et celles des autres arrondissements ne sont pas encore avancées. Dans le district de Bragance, celles de onze arrondissements sont complètes, et celles de Macedo de Cavalleiros sont sur le point de l'être. Dans le district de Coïmbre, les travaux sont achevés à Arganil et en voie d'achèvement dans trois arrondissements et dans plusieurs paroisses. Dans celui de Villa Real, l'inscription de quelques arrondissements est achevée et dépend des réclamations des contribuables. Dans celui de Vizeu, les travaux sont avancés dans la plupart des localités. Dans celui de Vianna do Castello, ils commencent à peine. Dans les seize arrondissements du district d'Aveiro, il n'y a de nouveaux cadastres parcellaires qu'à Ilhavo, et celui d'Anadia est presque terminé. Sur les douze arrondissements du district de Castello Branco, il n'y a guère que ceux de S. Vicente de Beira qui soient prêts et il s'est élevé de si vives réclamations contre ces matrices qu'il est nécessaire d'en vérifier la justice.

Les informations des bureaux des finances de tout le pays, transmises par les délégués du Trésor, sont d'accord à affirmer que quoique les nouvelles matrices représentent une amélioration considérable pour le service, par rapport aux anciennes, elles n'en sont pas moins fort éloignées du vrai, non seulement à cause des défauts et des irrégularités dans la description des propriétés foncières, mais encore par l'insuffisance des évaluations qui sont trop basses, surtout en ce qui concerne la grande propriété.

Dans de telles conditions, il ne serait ni juste, ni soutenable d'appliquer indistinctement une quote uniforme de tant pour cent, même dans les districts dont les cadastres parcellaires sont réorganisées, puisque la description de la propriété n'offre pas assez de certitude, et l'inégalité d'évaluation se fait sentir d'arrondissement à arrondissement, et même de paroisse à paroisse.

Les chiffres démontrent, de façon à ne laisser aucun doute, ce que l'évidence fait ressortir au premier abord.

Dans l'actualité, le contingent fixé pour les districts et sa répartition entre les arrondissements, d'après le tableau qui subsiste encore en vertu de la loi de 1880, comparés au revenu imposable inscrit aux matrices, offrent les résultats suivants :

De tous les districts dont les matrices sont organisées, les seuls où les pourcentages tributaires sont presque uniformes dans tous les arrondissements et peu supérieurs ou inférieurs à 10 pour cent sont ceux d'Evora et de Portalegre. Dans celui d'Evora, le pourcentage varie de 10,116 à 10,163 et dans celui de Portalegre de 9,199 à 9,283.

Ce sont les seuls districts où la loi de 1880 pourrait être appliquée dans toute son étendue sans grand inconvénient, du moins en apparence. Dans celui de Beja, les pourcentages des arrondissements variant de 6,425 à 11,498, la moyenne est de 8,818 et l'application uniforme de la quote de 10 pour cent produirait, au total, 18 : 000 $ 000 reis en plus : ce qui est peu au point de vue absolu ; mais, relativement, elle équivaudrait à une aggravation de 40 à 50 pour cent dans quelques arrondissements : ce qui est violent. Dans le district de Leiria les pourcentages des divers arrondissements varient de 3,633 à 23,841 ; et, par conséquent, il est facile de se rendre compte de la perturbation qui suivrait immédiatement l'imposition d'une quote uniforme : ce serait pour quelques arrondissements une brusque augmentation de l'impôt, et pour d'autres une diminution qui défalquerait les recettes du Trésor ou grèverait les contingents des autres districts. Il en est de même du district de Lisbonne, où les pourcentages varient de 8,929 (dans les arrondissements de la capitale) jusqu'à 12,109, et de celui de Santarem, où ils oscillent entre 9,446 et 16,684.

Dans le district de Faro, les pourcentages s'élèvent de 10,168 à 22,599 ; et dans celui de Guarda, de 11,990 à 25,382. La réduction, dans celui-ci, serait considérable et inégale entre ses arrondissements et se traduirait par un préjudice pour le Trésor ou pour les autres districts.

Voilà pour ce qui concerne les districts dont les matrices ont été complètement refaites.

Voici maintenant les variations des pourcentages dans les autres districts : dans celui de Porto, de 7,011 pour les arrondissements de la ville, et de moins de 8 dans quelques autres arrondissements, jusqu'à 17,233 ; — de 7,480 à 18,916 dans celui de Vianna ; — de 9,308 à 25,816 dans celui de Braga ; — de 16,001 à 19,526 dans celui de Coimbre ; — de 17,021 à 28,084 dans celui d'Aveiro ; — de 11,627 à 30,367 dans celui de Bragance ; — et de 11,818 à 31,781 dans celui de Castello Branco.

Cette diversité de pourcentage de l'impôt, qui existe dans les arrondissements du même district ainsi que dans les districts même où les matrices ont été réformées et qui est encore plus grande dans les arrondissements des autres districts, prouve à l'évidence que l'application d'une quote uniforme de 10 pour cent, même restreinte aux termes de la loi de 1880, donnerait lieu à des inégalités et à des perturbations intolérables.

La répartition équitable entre les districts, les arrondissements, les paroisses et les contribuables, tout en tenant compte des circonstances relatives et spéciales des diverses localités, s'impose comme une nécessité impérieuse.

Telle est la conclusion rigoureuse qui découle des faits et de l'état actuel des cadastres parcellaires, pour ce qui concerne la forme de l'établissement de l'impôt.

Considérons maintenant le rendement de l'impôt.

Dans tout système, soit de quotité, soit de répartition, le revenu imposable en est toujours la base. L'exploiter aussi exactement que possible, c'est ce qui intéresse le plus le Trésor.

D'après les anciens cadastres il était extrêmement réduit. Pour y porter remède, on a entrepris à grands frais la revision des matrices au moyen de l'inspection directe des propriétés foncières. Il faut avouer que le résultat a été insuffisant. D'après les derniers calculs, faits en 1893, le revenu imposable de tout le pays serait de 32.172:025 $ 678 reis (annexe n° 24).

Le tableau, auquel nous avons fait allusion (annexe n° 22), démontre combien cette indication du revenu imposable est au-dessous de la réalité. En effet, d'après les informations que les délégués du Trésor ont recueillies des divers arrondissements et qui ont servi de réponse au questionnaire que je leur ai adressé, le revenu imposable du district d'Aveiro, inscrit pour 894:823 $ 667 reis peut être estimé à 1.267:000 $ 000 reis ; celui de Beja, inscrit pour 1.454:657 $ 657 reis, peut l'être à plus de

1.600:000 $ 000 reis ; celui de Braga, 1.098:500 $ 531 reis, à 20 ou 50 0/0 de plus dans quelques arrondissements, et à un chiffre plus élevé dans la partie urbaine de celui de Braga ; celui de Castello Branco, à plus de 90 0/0 ; celui de Coïmbre, qui figure pour 1.451:955 $ 115 reis, peut être évalué à 2.200:000 $ 000 reis ; celui d'Evora, 1.443:205 $ 982 reis, à 25 ou 30 0/0 en sus, et encore davantage à Portel ; dans ceux de Faro, Leiria et Vianna et des îles adjacentes, il doit s'élever considérablement par suite d'une juste vérification ; celui de Guarda peut monter jusqu'à 248:000 $ 000 reis ; celui de Lisbonne à 50 0/0 en plus ; celui de Portalegre, de plus de 196:000 $ 000 reis, dans celui de Porto, les pourcentages de l'augmentation doivent s'élever de 30 à 138 0/0 dans les arrondissements divers ; enfin l'augmentation est estimée comme devant dépasser 864:000 $ 000 reis dans le district de Santarem, 149:000 $ 000 reis dans celui de Villa-Real et 200:000 $ 000 reis dans celui de Vizeu.

Les commissions nommées en vertu du décret du 18 mars 1893 pour faire dans les principaux arrondissements des districts l'évaluation des propriétés les plus importantes au moyen de l'inspection directe ont obtenu des résultats bien plus considérables, comme le prouvent les annexes 25 et 26, qui en résument les travaux. Les pourcentages de l'augmentation, résultant de la comparaison du revenu imposable inscrit aux matrices avec l'évaluation de ces commissions relative aux propriétés foncières inspectées par elles, vont de 9,40 à Ponta-Delgada jusqu'à 174,79 0/0 à Coïmbre, et représentent, en moyenne, plus de 50,50 0/0 du revenu imposable. Les commissions ont trouvé que le chiffre de 2.684:421 $ 076 reis était attribué par les matrices à ce qui valait 4.041:117 $ 427 reis.

Je sais fort bien que la multiplicité et l'exagération dans l'établissement des impôts sur la propriété correspond à l'insuffisance d'estimation et d'inscription des revenus, car ce n'est pas seulement le principal de la contribution qui double la taxe de l'impôt ; ce sont aussi le 6 0/0 additionnel de 1882, l'additionnel progressif de 1892, et les additionnels affectés aux districts et pour les municipes.

C'est tellement vrai, qu'on pourrait presque affirmer que si la propriété était bien évaluée sur les matrices, il y aurait des localités où elle pourrait à peine supporter l'imposition.

De tout ce qui précède, nous concluons : Qu'il **est indis-**

pensable de vérifier avec la plus grande exactitude possible quel est le revenu imposable de la propriété du pays, afin d'éviter les inégalités qui se produisent dans la distribution de l'impôt ;

— Que le système de quotité est inapplicable, pour le moment du moins, et qu'il est nécessaire d'établir la répartition en des termes et sur des bases qui permettent d'avoir égard annuellement aux conditions du Trésor et à celles de la propriété, aux travaux successifs de perfectionnement des matrices et aux circonstances qui affectent spécialement les contribuables ;

— Que la fixation annuelle des contingents, que l'impôt progressif de 1892 élève et que les impositions locales aggravent, doit être modérée, pour que l'agriculture, d'où dépend l'existence d'un grand nombre d'individus, surtout dans les provinces, ne soit ni stérilisée, ni dépouillée par le fisc.

C'est sur ces conclusions que reposent les premières propositions de loi que je vous présente.

Pour corriger les cadastres parcellaires et mieux évaluer le revenu imposable, je propose d'avoir recours aux informations même des contribuables possédant ou cultivant des propriétés dont le revenu est évalué à plus de 50$000 reis. Je ne dis pas de tous les contribuables, pour deux motifs : d'abord, parce qu'il découle de toutes les informations que la petite propriété est taxée beaucoup moins irrégulièrement que la grande ; et ensuite, parce qu'il serait impraticable d'exiger de semblables déclarations de ceux qui, étant astreints à une existence extrêmement modeste, dans des paroisses situées à de fort grandes distances des chefs-lieux d'arrondissement, et dont la plupart ne savent seulement pas lire et écrire, pourraient à peine répondre à l'enquête du fisc.

Je propose, en outre, que l'impôt foncier soit fixé et réparti annuellement, comme il doit l'être et la loi fondamentale du pays l'exige : réparti entre les districts, les arrondissements, les paroisses et les contribuables, de la manière qui me semble le plus équitable, et qui peut donner de plus sérieuses garanties d'exactitude.

Enfin, à titre transitoire, pour la première année d'exécution de la nouvelle loi et jusqu'à ce que par la direction donnée aux travaux dans le sens d'une répartition plus exacte on puisse réunir toutes les informations convenables, je propose de maintenir le contingent fixé au chiffre de 3.107:000$000 reis, accrû de celui de 411:895 $ 030 reis, qui représente les additionnels créés par les lois du 27 avril 1882 et du 30 juin 1887, ainsi que de 70:377 $ 893 du timbre des quittances, impôts qui sont tous incorporés à la contribution principale ; et que la répartition entre les districts se fasse dans la proportion de ce qu'ils ont payé pendant les dernières années.

Ainsi se prépare l'élévation naturelle de l'impôt par son plus grand rendement, sans l'aggraver néanmoins, tant que les bases de son établissement n'auront pas été corrigées ou améliorées.

## IMPOT SOMPTUAIRE ET SUR LES LOYERS DES MAISONS

La loi du 30 juin 1860, qui abolit les anciens impôts sur les domestiques et les bêtes de somme et de 4 0/0 sur la valeur locative des maisons, créa la contribution personnelle composée de taxes fixes sur les domestiques, les chevaux et les véhicules ainsi que d'un pourcentage complémentaire fixé annuellement par les Chambres et retombant sur le revenu ou la valeur locative des maisons.

C'est ce système qui demeura en vigueur jusqu'en 1872. Les lois du 7 juillet 1862, du 20 juin 1863, du 11 juin 1864 et du 17 juillet 1869 ne firent qn'amplifier ou modifier quelques dispositions de la loi de 1860.

Ce fut la loi du 9 mai 1872 qui scinda la contribution personnelle en deux impôts spéciaux, savoir : l'impôt somptuaire, à taxes fixes, et l'impôt sur le loyer des maisons, à pourcentage fixe et dont le contingent ne fut plus fixé annuellement par les Chambres.

Les décrets du 30 août 1872 et du 3 décembre 1873 portent règlement sur l'exécution de cette loi, dans sa généralité, et la loi du 10 avril 1875 l'a réglementée pour les Açores et l'île de Madère.

Plus tard encore, la loi du 31 mars et le décret du 3 juin 1880 incorporèrent à ces contributions l'impôt additionnel pour les chemins (*imposto de viação*). La loi du 15 juillet et le décret du 8 septembre 1887 en ont remodelé l'application, mais sans en altérer la forme ni la base essentielle de l'imposition.

La proposition de loi que je vous présente élargit un peu l'assiette de la contribution somptuaire dont elle simplifie l'imposition en y incorporant les additionnels, exception faite de ce qui est établi progressivement par la loi du 26 février 1892 ; — elle convertit la contribution sur le loyer des maisons en impôt de répartition, pour mieux s'adapter aux exigences du Trésor et aux circonstances des contribuables.

L'impôt somptuaire a toujours été peu productif à cause des difficultés qui entravent la formation du rôle respectif.

Le rendement de cet impôt a été de 88:727 $ 680 reis en 1889-1890 ; de 91:533 $ 298 reis en 1890-1891 ; de 90:231 $ 090 reis en 1891-1892 ; de 95:221 $ 041 reis en 1892-1893 ; et de 99:423 $ 358 reis l'année dernière. Il suffit de considérer que sur une population de 4.692:123 habitants du continent, les rôles de l'impôt somptuaire ne portent que 28:070 contribuables (annexe n°27), pour reconnaître combien défectueuse est la perception de cet impôt qu'on ne peut guère convertir en source abondante de recettes pour le Trésor qu'au prix de vexations intolérables. Il ne me semble point pratique d'en élargir l'assiette, ni juste de l'atténuer ou de le supprimer.

L'impôt sur la valeur locative est bien plus important pour le fisc et pour les contribuables. Nous en proposons un remaniement profond. C'est une contribution qui ne repose pas sur un revenu qu'on perçoit, comme celui de la propriété foncière ou de l'industrie, du capital, ou des fonctions publiques, mais sur une dépense qu'on fait.

Sa raison d'être consiste dans la manifestation de richesse que cette dépense représente. Mais, comme conséquence absolue, elle n'est pas toujours juste. Le loyer plus ou moins élevé que paie un contribuable ne donne pas la mesure des ressources dont il dispose ; les circonstances spéciales de sa vie et surtout celles de la famille influent largement sur le loyer qu'il doit payer pour sa demeure.

Le revenu ou la valeur locative des maisons est une base importante pour le fisc, parce qu'elle atteint tout le monde, directement ou indirectement. C'est pour cela même que l'État peut y puiser un précieux supplément aux autres contributions qu'il perçoit, en le graduant plus ou moins selon les exigences de l'administration publique.

Mais pour que la charge en soit supportable, il faut aussi le graduer selon les conditions spéciales des contribuables.

Par conséquent, je suis d'avis que ce doit être un impôt de répartition dont le contingent soit fixé annuellement par les Chambres et réparti entre les districts, en tenant compte de leurs relatives conditions économiques de richesse et de développement ; qu'il soit réparti de même dans les districts entre les arrondissements, et dans les arrondissements entre les paroisses ; que dans les paroisses il soit distribué entre les contribuables, en groupant à l'égard de chacun d'eux les autres impôts qu'il paie, pour savoir quels sont ses revenus et prendre en considération ses charges de famille afin que la distribution entre tous soit équitable autant que possible.

C'est la pensée qui a présidé à ma proposition de loi.

Comme ce ne sera qu'après son adoption et la mise à exécution de mon système qu'on pourra recueillir les informations nécessaires pour mieux fixer le contingent et en faire la répartition entre les districts, je me borne à proposer, pour le moment, que la totalité du contingent pour l'année prochaine soit équivalente à ce que le budget décrit et prévoit pour le rendement de la contribution sur le loyer des maisons, accrû des additionnels respectifs (ceux de la loi du 26 février 1892 exceptés) et du timbre des quittances ; et que la répartition de ce contingent soit faite entre les districts, dans la proportion de ce que ces deux impôts réunis y ont produit.


## CONTRIBUTION D'ENREGISTREMENT


L'impôt actuellement dénommé « impôt d'enregistrement » a subi plusieurs modifications successives.

Le décret du 19 avril 1832 contresigné par Mousinho da Silveira, le grand réformateur, abolit plusieurs accises anciennes, qui grevaient sous divers noms et pour des applications diverses les actes et transactions afférents aux biens, meubles et immeubles, pour les réduire à un seul taux de 5 0/0, qu'il continua d'appeler *siza* et qui ne devait retomber que sur les ventes ou les échanges d'immeubles. Ce décret ordonna, en outre, que le produit de cet impôt serait versé au Trésor public pour subvenir aux appointements des magistrats et faire cesser le *patrimoine royal*, que les cités et les villes payaient à forfait.

La loi du 21 février 1838 établit ensuite l'impôt sur les transmissions par donation, legs, succession testamentaire ou légitime, ou par tout autre titre bénéficiaire, portant sur des immeubles ou des biens se mouvant, ou sur des droits ou actions, ou sur de l'argent. En ce qui concerne les biens libres, cet impôt fut ainsi gradué : 2 0/0 entre collatéraux au second degré, de neveux à oncles ; de 3 0/0 entre cousins germains ; de 4 0/0 entre parents au troisième et au quatrième degré : de 6 0/0 entre toutes autres personnes. En ce qui concerne les biens des majorats, il fut fixé à 1 0/0 entre descendants et ascendants, entre frères et entre oncles et neveux ; à 3 0/0 de neveux à oncles ; à 7 0/0 entre cousins germains ainsi que pour les autres degrés. Il était du double pour les étrangers.

La loi du 2 octobre 1841 porta à 10 0/0 l'accise de 5 0/0 créée par le décret du 19 avril 1832. Celle du 12 décembre 1864 modifia les pourcentages fixés par la loi du 21 février 1838 en élevant celles des biens libres à 3 0/0 de neveux à oncles, à 5 0/0 pour les parents du troisième et du quatrième degrés, à 7 0/0 pour les collatéraux plus éloignés et à 10 0/0 pour les étrangers à la famille. A l'égard de la transmission des biens des majorats, cette loi supprima l'impôt entre descendants et ascendants, entre frères et d'oncles à neveux, imposa 3 0/0 sur celle de neveux à oncles, 5 0/0 sur celle des parents du troisième et du quatrième degré et 7 0/0 sur celle des autres degrés, et elle accorda aux étrangers, en Portugal, le même traitement garanti aux Portugais dans leurs pays respectifs.

Les lois du 23 avril 1845 et du 9 mai 1857 maintinrent à peu près cette jurisprudence jusqu'à ce que la loi du 30 juin 1860 vint transformer l'accise en contribution d'enregistrement.

Cette loi créa une exception pour les transmissions à titre gratuit entre ascendants et descendants et entre époux, et imposa : 3 0/0 aux collatéraux du deuxième degré, 6 0/0 à ceux du troisième et du quatrième degré et 10 0/0 à tous les autres. Pour les transmissions à titre onéreux, elle établit la taxe de 6 0/0 en général et de 3 0/0 pour les permutations.

C'est sur ces bases que les lois du 11 août 1860, du 17 août 1861, le décret dictatorial du 2 mars 1869 et la loi du 1er juillet 1869 consignèrent diverses mesures. La loi du 31 août 1869 créa la taxe de 2 0/0 pour les transmissions gratuites entre époux et en faveur des ascendants, et embrassa les bonifications des propriétés et les immeubles d'une valeur supérieure à 50 $ 000 reis.

Celle du 13 avril 1874 comprit les concessions faites par le gouvernement pour l'exploitation d'entreprises industrielles. Celle du 18 mai 1880 comprit encore les baux à longue échéance, l'excédent des quote-parts dans les partages, et la donation *causa mortis* des titres de dette étrangère.

Actuellement et depuis la loi du 31 mars 1880, qui incorpora les additionnels existant à cette époque, les taxes sont : pour les transmissions à titre onéreux, de 8,4 0/0, en général, et de 4,2 0/0 pour les permutations ; pour celles à titre gratuit, de 2,8 0/0 entre époux et en faveur des ascendants ; de 4,2 0 0 entre collatéraux du deuxième degré : de 8,4 0/0 entre ceux du troisième et du quatrième degrés ; et de 14 0 0 pour tous les autres.

Ces impôts sont accrus : des 6 0/0 additionnels de la loi de 1882, de ceux de la loi du 26 février 1892, et des 2 0/0 du timbre des quittances.

Telle est, à grands traits, l'histoire de l'impôt d'enregistrement.

Notre proposition de loi constitue un remaniement qui nous semble juste et d'une grande portée pour le Trésor, excepté en ce qui concerne les transmissions à titre onéreux, attendu que pour celles-ci, tout en y incorporant les 6 0/0 additionnels et les 2 0/0 du timbre des quittances, nous en fixons la taxe à 10 0/0, ce qui est à peu près l'équivalent de la taxe actuelle ; mais à l'égard des transmissions à titre gratuit, nous pensons que s'il y a lieu de ne point faire payer aux ascendants parce qu'ils sont héritiers légitimes, aux époux en raison du lien qui les unit, aux frères parce qu'ils ne peuvent être confondus avec d'autres collatéraux, et aux établissements de charité, à cause de la faveur qu'ils méritent, le pourcentage général que le Trésor réclame de ceux qui sont l'objet de legs, de donations, ou de tout autre acte bénéficiaire, il n'en est pas de même pour les autres collatéraux.

C'est pour ce motif que nous proposons que la taxe de 15 0/0, un peu inférieure d'ailleurs à la taxe actuelle accrue desdits additionnels, soit appliquée complètement, à la seule exception des acendants, des époux, des frères et des établissements de charité qui ne doivent en payer que la moitié.

L'annexe n° 28 est l'extrait et la synthèse de la statistique dressée l'année dernière par la direction générale des biens nationaux à l'égard des liquidations de l'impôt d'enregistrement aux différents degrés pour lesquels il est établi actuellement. Cette statistique a rapport à 1891-1892.

En faisant l'application des taxes que je propose à la valeur des transmissions à titre gratuit décrites par ce document, on peut s'assurer que puisque cette valeur a été cette année-là de 3.713:655 „$ 481 reis pour les transmissions entre époux et en faveur d'ascendants, de 3.408:901 „$ 685 reis entre frères, et de 459:242 „$ 534 reis pour les établissements de charité, le rendement de cet impôt, conformément à ma proposition, serait de 568:634 „$ 977 reis. Quant à la valeur des autres transmissions, qui a été de 3.781:674 „$ 320 reis entre les autres collatéraux et de 2.603:268 „$ 165 reis entre individus étrangers à la famille, le pourcentage uniforme de 15 0/0 produirait 957:741 „$ 372 reis. Les deux taxes de l'impôt atteindraient ainsi le chiffre de 1.526:376 „$ 369 reis.

Il suffit donc de tenir compte de ce que la moyenne des perceptions des trois dernières années a été de 884:125 „$ 739 reis et que le 6 0/0 additionnel de cette somme représente 43:040 „$ 000 reis et le 2 0/0 pour timbre de quittances 18:540 „$ 000 reis, ce qui parfait le total de 945:580 „$ 800 reis, pour se convaincre que le vote de la proposition de loi que je présente donnera, comme résultat certain, un accroissement de recettes de 580:795 „$ 569 reis, justifié par les bases sur lesquelles elle repose, et représentant un grand profit pour le Trésor.

## IMPOT SUR LES CAPITAUX PLACÉS A INTÉRÊT

### (Decima de juros)

La contribution dénommée *decima de juros*, qui consiste actuellement, en sus de l'impôt du timbre des quittances, en 13,5 0/0 du taux d'intérêt stipulé par contrat ou par disposition légale, suivant les bases approuvées par la loi du 18 août 1887, me semble trop onéreuse, attendu que c'est le débiteur, indirectement, qui doit la payer.

C'est pour ce motif que je propose d'abolir l'impôt de timbre des quittances et de fixer cette contribution à 13 0/0 ; mais je propose en même temps d'appliquer l'impôt à tous les capitaux prêtés non inférieurs à 30 „$ 000 reis et à d'autres faits qui en ont été exemptés jusqu'à ce jour, au grand préjudice du Trésor public: tels que les contrats de dépôt civil ayant pour but de faire remise à des particuliers de n'importe quelle somme en argent pour être restituée dans la même espèce ou en espèce équivalente, et les actions ou obligations émises par des particuliers devant être enregistrées conformément à l'article 49, n° 6 du code de commerce ; et je propose, en outre, que la contribution s'étende aux îles adjacentes.

Ladite proposition établit d'autres dispositions tendant à améliorer le service de cette contribution. Une de ces dispositions règle la manière de juger l'insolvabilité des débiteurs à l'effet de l'annulation des manifestes dont il est fait mention à l'article 23, n° 3 des bases qui font partie de la loi du 18 août 1887.

Ces modifications rendront l'impôt moins onéreux et plus juste, malgré le profit qu'en retireront les recettes du Trésor.

## PERSONNEL DES BUREAUX DES FINANCES

La proposition de loi portant le n° 5 correspond à un besoin urgent du service.

Le décret du 27 mai 1892, qui a remanié les services des finances dans les districts et les arrondissements du pays, a supprimé dans un but d'économie toutes les places d'aspirant de deuxième classe des bureaux districtaux et tous les commis des bureaux des finances dans les arrondissements.

Il a établi, en outre, qu'au fur et à mesure des vacances qui se produiraient la moitié des appointements respectifs reviendrait au Trésor et l'autre moité s'ajouterait aux honoraires des directeurs ou délégués du Trésor dans les chefs-lieux de district et des sous-délégués des finances dans les arrondissements, à titre d'indemnité destinée à rémunérer eux-mêmes les auxiliaires éventuels qu'ils s'adjoindraient pour les aider à exécuter les services qui leur incombent.

Cette mesure équivalait à réduire successivement à 50 0/0 l'allocation du personnel inférieur des bureaux, tout en laissant à l'arbitre de ceux qui les dirigent l'application du restant, sous la condition de faire avec ce restant, uniquement, tout le service à leur charge. Or, en vertu des décrets du 27 octobre 1887 et du 23 juillet 1886, il y avait dans tout le pays

136 aspirants de 2ᵉ classe dans les délégations districtales et 627 commis dans les sous-délégations. Il est aisé de se faire une idée du désarroi causé dans les services si complexes et si épineux des bureaux des finances par la suppression de 68 employés dans quelques-unes de ces délégations et de 314 dans d'autres.

Aussi, et quoique cette mesure n'eût pas été exécutée immédiatement et complètement, le décret du 30 décembre de la même année vint rétablir dans les cadres les emplois supprimés ; mais il l'a fait dans une mesure tellement restreinte, que, même avec les employés restés à la suite, il est actuellement impossible d'exécuter les services, et la difficulté augmentera quand ces employés seront entrés dans les cadres pour remplir les vacances survenues. Sur 135 aspirants qui existaient en vertu du décret du 27 octobre 1887, celui du 30 décembre 1892 n'en rétablit que 84, et 370 commis sur 627.

Il en résulte que les délégués du Trésor et les sous-délégués n'ont point cessé de se heurter à l'impossibilité de remplir exactement les devoirs de leur charge, et qu'il a inévitablement fallu faire des dépenses extraordinaires pour rétribuer des services tributaires qui n'admettent aucun délai.

Il s'ensuit qu'il est impossible d'imposer la responsabilité voulue aux exacteurs des deniers publics, puisqu'on ne leur donne point les éléments indispensables pour les travaux multiples qu'on exige d'eux, et que le service des impôts ne peut ainsi se faire scrupuleusement, ni avec ponctualité.

C'est d'après les informations que j'ai reçues des districts et des arrondissements, et en tenant compte de l'importance et du mouvement des services fiscaux que l'on y exécute, que j'ai fait dresser les cadres pour lesquels je sollicite votre approbation en vue du bon ordre et de la régularité du service des contributions.

Je n'ai pas exagéré, comme d'ailleurs je ne devais pas le faire. Les cadres que je propose sont inférieurs à ceux de 1886 et de 1887 ; on voit en les comparant que, malgré l'accroissement considérable du service des bureaux, la proposition que je vous soumets porte 3 emplois d'aspirants de 1ʳᵉ classe, 16 de 2ᵉ et 52 de commis en moins. Quant à la dépense fixée par lesdits décrets, il y a diminution de 11:600$000 reis. Sur celle qui se fait actuellement, il y a une augmentation de 15:660$000 reis, qui est bien justifiée et plus que compensée par la cessation des dépenses extraordinaires auxquelles donnent lieu l'insuffisance absolue du personnel et l'exécution plus soignée et plus rapide des services des finances.

## RECTIFICATION DE L'ALCOOL

Je ne viens pas vous proposer d'altérer essentiellement le régime créé pour l'alcool par la loi du 21 juillet de l'année dernière. C'est plutôt une mesure complémentaire de ce régime, mesure que crois avantageuse pour le Trésor et pour le commerce et qui, tout en étant très utile à la vinification, s'adapte aux conditions présentes de la fabrication de l'alcool dans notre pays.

Cette fabrication est restreinte aujourd'hui. Parmi les matières premières dont on faisait de l'alcool — les figues, les caroubes, les betteraves, le maïs et les patates — on peut dire qu'il n'y a que ces deux dernières qui s'emploient actuellement avec profit. La distillation des figues et des caroubes est presque disparue; celle de la betterave n'a été qu'une tentative bientôt abandonnée; celle du maïs se maintient encore difficilement; mais celle de la patate a augmenté décidément. Les annexes n°s 29 et 30 en sont la preuve bien évidente. La liquidation de l'impôt en 1893-1894 y est spécifiée par fabriques et par régions, et la production correspondante y est indiquée.

Il y eut une époque où le maïs constituait la principale matière première : c'était parce que la culture de la patate aux Açores ne s'était pas encore développée largement, le prix de l'alcool à l'étranger était plus élevé, et les droits d'importation du maïs en Portugal étaient plus faibles.

Actuellement, la distillation de la patate excède celle du maïs, parce que la patate nécessaire pour produire la même quantité d'alcool revient moins cher et donne lieu à de moindres frais de fabrication, attendu que celle du maïs lutte encore contre l'obstacle des droits d'importation ; à tel point que, si l'on distille encore du maïs, c'est surtout parce que la production de l'alcool de patate ne suffit pas à la consommation, laissant ainsi la marge lucrative qui résulte de la comparaison du prix de vente à 240 reis par litre, autorisé par la loi, avec la taxe élevée qui grève l'importation de l'alcool étranger.

D'ailleurs, la culture de la patate est actuellement une nécessité pour les Açores et représente une production naturelle du territoire, tandis que la distillation du maïs correspond seulement à une spéculation industrielle sans racines sur notre sol.

Dans l'état actuel des choses, je suis d'avis qu'il est plus que convenable, qu'il est même indispensable, de maintenir la fabrication de l'alcool, ou plutôt la distillation des matières premières qui peuvent y être employées avantageusement.

Mais pour que l'alcool corresponde parfaitement aux usages auxquels il est destiné, pour que la consommation n'en souffre pas, pour qu'il serve à bénéficier nos vins, surtout les plus généreux, la pureté du produit en est la condition essentielle, et, partant, la rectification doit en être scrupuleusement opérée.

C'est ce qui ne se fait pas actuellement avec assez de rigueur et ce que le régime en vigueur ne peut garantir sûrement.

La distillation de la patate ayant un placement ferme sur le marché pour son produit, celui-ci n'est rectifié que dans la mesure du nécessaire pour son acceptation.

Celle du maïs, luttant contre des difficultés et étant bornée dans ses profits, a besoin pour se maintenir d'économiser les frais autant que possible.

La fiscalisation, disséminée dans les fabriques, d'un objet qui exige des connaissances et des analyses spéciales, ne peut guère s'effectuer dans les conditions nécessaires de garantie et de confiance.

On en voit la preuve bien évidente dans l'importation même pendant l'année dernière de l'alcool étranger dont la valeur a dépassé 300:000,$000 reis, alcool de la plus fine qualité, importé presque totalement par la douane de Porto : ce qui démontre, qu'il était destiné principalement à bénéficier nos vins généreux.

Centraliser la rectification de l'alcool de façon à en garantir la pureté, me semble donc une mesure que tout justifie.

L'Etat peut y parvenir de deux manières : soit en s'attribuant l'exclusif de la rectification, soit en le donnant à l'adjudication, dans des termes définis et précis, visant tous les éléments essentiels de la question.

Quel que soit le mode adopté, il faut : que les flegmes pour la rectification soient achetés aux fabriques qui les produisent, à un prix qui assure la continuation de leur industrie, attendu que celle-ci est aujourd'hui liée à une culture de laquelle dépend la subsistance d'un grand nombre d'individus ; — qu'après rectification, l'alcool doit être mis en vente à un prix qui n'excède point le maximum établi, et c'est là une condition essentielle pour la viniculture et le commerce ; que la recette du Trésor soit dûment garantie, parce qu'elle constitue aujourd'hui une de ses plus précieuses ressources dont il ne peut absolument se dessaisir.

La question ainsi posée, lequel des deux systèmes est préférable : l'administration par l'État, ou l'adjudication de l'exclusif ?

Je préfère le second : c'est, en effet, celui qui assure mieux le revenu du Trésor, sans le cortège des éventualités et des inconvénients de l'administration d'une industrie pour le compte de l'État.

Ce qu'il faut, c'est bien définir les conditions dans lesquelles l'exclusif de la rectification peut être cédé. C'est ce que j'ai tâché de faire dans la proposition de loi que je soumets à votre considération.

En ce qui concerne les fabriques : je suis d'avis qu'en leur garantissant l'achat annuel des flegmes ou alcool brut, qu'elles produisent, jusqu'à concurrence de 65,000 hectolitres d'alcool anhydre, au prix de 13$700 reis l'hectolitre, leur industrie se trouve dûment sauvegardée. La limite de 65,000 hectolitres d'alcool à 100°, qui correspond à 69,892 hectolitres d'alcool à 93°, dépasse suffisamment celle de la production actuelle, qui a été pendant la dernière année de 57,424 hectolitres, sur le continent et aux îles adjacentes, et par conséquent elle laisse encore une marge au développement de l'industrie.

Le prix de 13$700 reis qui correspond à celui de 12$841 reis par hectolitre d'alcool à 93°, moyenne de la graduation actuelle, est rémunérateur non seulement pour la distillation de la patate, qui peut actuellement produire l'hectolitre à 11$000 reis, déjà rectifié à 93°, mais encore pour les autres distillations, relativement aux flegmes qu'elles produiront à 55°. Il me semble que, sous ce régime, toutes les fabriques pourront fonctionner, même celles dont le mouvement est maintenant paralysé et le capital improductif.

Quant au prix de vente au marché de l'alcool rectifié, si l'on fixe le maximum de 24$200 reis par hectolitre d'alcool anhydre, ce qui correspond à 22$506 reis d'alcool à 93° ou à la graduation de l'alcool du commerce, cette industrie, de même que la viniculture, y gagnent la différence du maximum de 24$000 reis par hectolitre, admis par la loi du 21 juillet de l'année dernière.

Quant au revenu pour le Trésor, les dispositions contenues dans la proposition de loi garantissent le rendement minimum de 1.062:400 $ 000 reis, en fixant l'impôt à 8 $ 600 reis par hectolitre d'alcool anhydre, ce qui équivaut à 7 $ 898 reis d'alcool à 93°, tandis que l'impôt actuel est de 7 $ 000 reis pour l'alcool de production nationale.

Il est certain que l'adjudicataire de l'exclusif de la rectification paiera pour l'alcool qu'il importera de l'étranger le même impôt que celui de l'alcool produit dans le pays, au lieu du droit du tarif des douanes, qui est actuellement de 19 $ 300 reis.

C'est en cela, évidemment, que consiste le bénéfice de l'adjudicataire et ce qui le met à même de se dégager des responsabilités qu'il contracte envers les fabriques pour les flegmes qu'il doit leur acheter, en quantité et au prix établis ; envers le commerce et la consommation, pour le maximum auquel il peut vendre l'alcool qu'il doit rectifier et pour le compromis qu'il prend d'alimenter le marché ; et envers le Trésor, pour l'impôt qu'il lui paie et le minimum de revenu qu'il lui garantit.

Mais il est encore évident que la production nationale étant ainsi assurée sur une plus large échelle que jusqu'à présent, et une marge étant encore laissée au développement de l'industrie, l'alcool importé de l'étranger sera destiné à compléter la consommation dans le pays ou à fabriquer des boissons spiritueuses pour l'exportation, telles que le cognac, le genièvre, les liqueurs.

Dans le premier cas, l'importation est plus que juste, elle est nécessaire ; dans le second, elle représente pour le Trésor un accroissement de revenu.

L'adjudication de l'exclusif de la rectification de l'alcool, telle que je la propose, assure par conséquent dans de vastes limites la production et la fabrication nationales ; elle garantit au commerce et à l'industrie vinicole un produit plus pur, unifié au même type (ce qui est un avantage énorme) et à un prix moins élevé; et le Trésor, de son côté, obtient un revenu ferme non inférieur à 1.062:400 $ 000 reis, qui s'accroîtra de tout ce que l'impôt rapportera proportionnellement à tout l'alcool produit et importé dans le pays.

Il est facile de calculer par les annexes n<sup>os</sup> 29 à 31 l'accroissement de recettes assuré par cette proposition de loi.

La totalité de l'impôt perçu à la sortie des fabriques, pendant l'année 1893-1894, a été de 621:872 $ 112 reis. Mais cette somme ne comprend pas seulement la perception faite en vertu du décret du 2 mars 1893 et jusqu'à la mise à exécution de la loi du 21 juillet suivant, et même pendant ce mois de juillet, de 100 reis par litre, dont il fut plus tard restitué 30 reis, comme l'indiquent les annexes 29 à 30. Elle comprend encore la perception relative à l'alcool produit pendant l'année antérieure et qui, étant resté en stock jusqu'à la délibération définitive portant sur les dispositions dudit décret, n'est sorti des fabriques et n'a, par conséquent, payé l'impôt qu'en 1893-1894, comme lesdits annexes le démontrent.

La production totale de l'alcool a été, pendant l'année dernière, de 5.742:459,752 litres, taxés à 70 reis et rapportant ainsi au Trésor 401:972 $ 200 reis. Le chiffre des droits perçus sur l'alcool étranger a été de 310:481 $ 000 reis (annexe n° 31). Le rendement de l'impôt sur l'alcool produit et importé en 1893-1894 a donc été de 712:453 $ 200 reis.

La proposition de loi que je présente garantit au minimum, sur ce chiffre, un accroissement de recettes de 349:946 $ 800 reis, sans compter que les frais de fiscalisation, qui sont actuellement considérables, ne seront plus supportés par le Trésor. Il faut encore remarquer que par le système actuel, la production augmentant et l'importation diminuant en proportion, la totalité du revenu est inférieure à 712:452 $ 200 reis, parce que l'impôt sur la production est moindre que sur l'importation ; tandis que, d'après le système que je propose, le minimum de 130:000 hectolitres est garanti et constant. Dans ce système aussi bien que dans l'autre, si la production et l'importation augmentent, le revenu total de l'impôt augmente aussi, mais avec cette différence que par celui que je propose, il y a une garantie de revenu qui n'existe pas dans l'autre.

En outre, avec le régime en vigueur, nous ne pouvons pas compter sur une importation d'alcool étranger aussi forte que celle de l'année dernière, pendant laquelle il n'y a pas eu assez de vin pour la distillation, ce qui a contraint d'importer de l'alcool pour bénéficier nos vins les plus fins. S'il se présente une année où, par suite de l'abondance et du bon marché, le vin peut être affecté à la fabrication de l'eau-de-vie, ce produit sert à bénéficier les vins généreux, et l'État voit diminuer tout d'un coup le revenu de l'importation.

Ma proposition me paraît donc justifiée.

## IMPOT SUR LES ALLUMETTES

La loi de finances du 30 juin 1891 a autorisé le gouvernement à mettre à l'adjudication, sous certaines conditions, l'exclusif de la fabrication des allumettes, en prenant pour base de la soumission le revenu annuel et net pour le Trésor de 250:000 $ 000 reis.

L'adjudication a été annoncée, mais personne ne s'est présenté. La période de douze ans, qui constituait la durée de la concession, ne compensait pas évidemment le concessionnaire des obligations qu'il assumait et surtout du capital qu'il devait employer à l'expropriation des fabriques existantes.

Postérieurement, la loi du 12 avril 1892 a autorisé à contracter à forfait avec les fabriques le revenu collectif de l'impôt sur la production pour minimum de 260:000 $ 000 reis, accrû de la quote de 10:000 $ 000 reis par série de 30:000 grosses de boîtes, en sus des 500:000 qui avaient été prises pour base. Et, pour le cas où cette opération n'aurait pas été réalisée jusqu'au 30 juin, la même loi a spécifié les impôts à payer par les allumettes qui seraient fabriquées sous un régime de liberté complète.

Encore une fois, l'opération à forfait n'eut pas lieu. La base trop restreinte de 500:000 grosses de boîtes, sur laquelle devait reposer l'élévation successive de l'impôt, y contribua sans doute.

Un grand laps de temps s'écoula sans que la perception des impôts sur la libre fabrication se réalisa, et enfin, le décret du 13 avril 1893 établit que les paquets d'allumettes existant dans les magasins et dans les débits seraient estampillés, et qu'à partir de cette date l'impôt serait perçu avec régularité.

Les états publiés au n° 128 du *Diario do Governo*, du 14 août dernier, démontrent en détail, quelle a été la production d'allumettes pendant toute l'année 1893-1894, le total liquidé de l'impôt respectif, et le montant des frais occasionnés par l'estampillage et la fiscalisation. En voici le résumé :

RECETTES :

| | |
|---|---:|
| Impôt sur la production | 212:293 $ 459 |
| Perception aux termes du décret du 13 avril 1893 | 5:274 $ 132 |
| Saisies | 132 $ 558 |
| Total | 217:700 $ 149 |

DÉPENSES :

| | |
|---|---:|
| Fiscalisation dans les fabriques. . . . . . . . . . . . . | 21:356 $ 212 |
| Commissariats . . . . . . . . . . . . . . . . . . | 1:536 $ 665 |
| Estampilles. . . . . . . . . . . . . . . . . . | 4:054 $ 998 |
| Total . . . . . . . . . . . . | 26:947 $ 875 |
| Rendement net. . . . . . . . . . . . . . . | 190:752 $ 274 |

On voit cependant par l'annexe n° 32, publiée récemment, combien la perception effective de l'impôt a baissé, du premier au deuxième semestre de 1893-1894. Elle a été de 110:252 $ 040 reis de juillet à décembre 1893, tandis qu'elle est déjà tombée à 81:033 $ 204 reis, de janvier à juin de l'année courante.

Et si, d'une part, l'État doit entretenir dans chaque fabrique une fiscalisation dont les frais sont souvent supérieurs à l'impôt perçu sur ce qu'elle produit, d'autre part, les fabricants ont exposé au gouvernement, par leurs représentations successives, les conditions précaires dans lesquelles le régime de la liberté absolue les a tous placés, au milieu d'une concurrence qui leur occasionne des pertes, et de la lutte contre des produits qui prétendent substituer la consommation des allumettes.

Dans de telles conditions, l'industrie est menacée de ruine et le Trésor est exposé à un décroissement rapide de revenu.

La proposition de loi n° 7 a pour double objet de maintenir la production nationale et d'augmenter le revenu de l'État, en autorisant de nouveau l'adjudication aux enchères publiques de l'exclusif de la fabrication dans les termes conseillés par l'expérience des faits.

La base de la soumission, qui est de 260:000 $ 000 reis, constitue, par conséquent, le minimum du revenu net pour le Trésor. A ce prix viendront s'accroître 10:000 $ 000 reis par série de 30:000 grosses de boîtes en plus de 750:000 qui sont prises pour base. Les états de production et de perception de l'impôt, auxquels j'ai fait allusion tout à l'heure, prouvent que cette base est juste.

Pendant toute l'année 1893-1894, la production a été de 89.117:915 boîtes d'allumettes, soit 618:874 grosses, et l'impôt perçu de 212:193 $ 459 reis. Les 260:000 $ 000 reis, minimum de l'adjudication à faire, correspondent dans la même proportion à 758:304 grosses de boîtes.

La période de l'exclusif n'excédera pas trente années. L'expropriation des fabriques actuelles restera à la charge de l'adjudicataire; et il en sera de même des frais de la fiscalisation que l'État devra exercer.

Les salaires du personnel ouvrier, y compris les fabricants de la petite industrie, sont garantis équivalents à ceux qu'ils gagnent actuellement.

La fabrication aura lieu dans deux fabriques, au moins, dont l'une à Lisbonne et l'autre à Porto : les prix de vente ne seront pas supérieurs aux actuels; les revendeurs jouiront d'un rabais de 10 0/0; les types, dimensions et qualités des allumettes et des boîtes seront réglés par le gouvernement.

Protégée par les droits de douane et par des mesures qui restreignent la concurrence d'articles pouvant empêcher son fonctionnement, l'industrie des allumettes peut se relever. Le Trésor de son côté y gagnera, puisqu'il substituera à un revenu net et décroissant, de 191:000 $ 000 reis, une recette garantie de 260:000 $ 000 reis, au minimum, qui s'élèvera au fur et à mesure du développement de la production.

## REVISION DES TARIFS

Le dernier remaniement des droits de douane voté par les Chambres et inspiré par des principes protectionnistes bien accentués, ainsi que la publication de la loi du 10 mai 1892, qui en a ordonné la mise à exécution, a soulevé sur cette matière qui affecte tant d'intérêts divers des réclamations dont on a jugé convenable d'étudier les fondements.

C'est dans ce but qu'une commission spéciale fut nommée par décret du 8 novembre de ladite année. Après de longues et minutieuses études, cette commission a formulé et proposé au gouvernement les modifications qu'elle a cru s'accorder davantage avec les réclamations des intéressés, pour tout ce qui pouvait être pris en considération, et, partant, avec l'état des industries et les conditions du commerce, aussi bien qu'avec les recettes du Trésor.

Pour mieux élucider les questions traitées au sein de la commission, je voudrais vous présenter les procès-verbaux de plusieurs de ses séances. Je suis empêché de le faire, d'abord parce que la commission ayant été consultée non seulement au sujet des concessions possibles, en général, dans la négociation des traités de commerce, mais encore sur la négociation spéciale de quelques traités qui dépendent encore d'un accord définitif, ces procès-verbaux s'occupent de ces matières et ne pourront, par conséquent, être publiés que plus tard.

La proposition de loi n° 8, que je soumets à votre considération, repose toutefois, en substance, sur les conclusions auxquelles on est arrivé à l'égard de la revision des tarifs en vigueur. Les tableaux, qui y sont annexés, exposent les modifications à introduire, et résument dans des notes explicatives les motifs qui les justifient et qui découlent de l'examen fait par ladite commission.

On y trouve, par conséquent, les éléments d'étude nécessaires pour résoudre avantageusement des problèmes qui affectent d'une manière si intime notre économie interne, et qui se relient à nos rapports internationaux.

Vous voyez, Messieurs, que parmi les propositions de loi que je vous présente, il en est dont le but est de remanier notre système tributaire pour établir la répartition de l'impôt sur de justes bases et pour que le rendement en soit plus productif pour le Trésor, sans vexations ni aggravation considérables, mais bien plutôt en corrigeant les inégalités qui existent.

Telles sont les propositions afférentes à la contribution financière, à l'impôt somptuaire et sur la valeur locative des maisons, et à l'impôt sur les capitaux prêtés à intérêt.

Il en est d'autres dont le but est de garantir et d'augmenter les revenus de l'État, sans porter préjudice aux industries déjà créées, ou plutôt d'une manière qui leur est utile : telles sont les propositions qui autorisent l'exclusif de la rectification de l'alcool et celui de la fabrication des allumettes.

L'unification de l'impôt de transmission à titre gratuit, avec les exceptions que j'ai spécifiées, est une source de recettes parfaitement justifiée.

La revision des tarifs répond à un besoin reconnu et obéit à une pensée de protection et de défense des grands éléments de la richesse publique, d'où dépend la vitalité de la nation.

Quant aux propositions qui ne rapportent pas au Trésor un accroissement immédiat et considérable de revenu, elles en préparent la voie et mettent les pouvoirs publics à même de prendre à bref délai, avec sagesse et sûreté, des mesures relatives à quelques impôts principaux.

Les propositions relatives à l'impôt d'enregistrement, à l'alcool et aux allumettes garantissent au Trésor un accroissement de recettes de 1.000:000 $ 000 reis, au minimum.

En vous proposant ces résolutions, le gouvernement remplit sa mission.

C'est à vous, Messieurs, comme représentants du pays, de prendre des décisions conformes aux intérêts de la prospérité publique.

Ministère des Finances, le 29 octobre 1894.

ERNESTO ADOLPHO HINTZE RIBEIRO.

Paris. — Imp. PAUL DUPONT 1571.11.94

9 782013 676182